~ Cachaças ~

Marcelo Câmara

~ Cachaças ~
bebendo e aprendendo
drinking and learning

Guia prático de degustação
Practical guide to tasting

Versão em inglês
Translated into English by
Caitríona Kavanagh
Geraldo Cantarino

Mauad X

Direitos desta edição reservados à
First published in Brazil in 2006 by
MAUAD Editora Ltda.
Rua Joaquim Silva 98 5° andar – Lapa – Rio de Janeiro – RJ.
CEP 20241-110 – Tel: (55-21) 3479-7422 – Fax: (55-21) 3479-7400
E-mail: mauad@mauad.com.br

Apoio cultural
Supported by
Cachaça Samanaú
www.cachacasamanau.com.br

Versão em inglês
Translated into English by
Caitríona Kavanagh
Geraldo Cantarino

Revisão do inglês
Proofread by
Conor Kavanagh

Projeto gráfico
Designed by
Marcela Petersen

Fotografia
Inset photography by
Raimundo Melo

Fotografia capa, 4ª capa, 2ª orelha e pág. 128
Cover, back cover, back inside cover and page 128 photography by
Bruno Lira

Todas as fotos sobre a produção da cachaça
foram feitas no Sítio Samanaú, Caicó, RN, Brasil,
onde se fabrica a Cachaça Samanaú.
All photographs of the production of cachaça
were taken at Sítio Samanaú, Caicó,
in the state of Rio Grande do Norte, Brazil,
where Cachaça Samanaú is produced.

CIP-BRASIL. CATALOGAÇÃO-NA-FONTE
SINDICATO NACIONAL DOS EDITORES DE LIVROS, RJ.

C646c

Câmara, Marcelo, 1950-
Cachaças : bebendo e aprendendo : guia prático de degustação = Cachaças : drinking and learning : practical guide to tasting / Marcelo Câmara ; versão para o inglês de, translated into English by, Caitríona Kavanagh, Geraldo Cantarino. - Rio de Janeiro : Mauad X, 2006
il.

Texto em inglês e português
Apêndice
Inclui bibliografia
ISBN 85-7478-162-2

1. Cachaça - Degustação. I. Título.

06-4124. CDD 641.874
CDU 641.87:663.241

For Luiza,
my cachaça

Para Luiza,
minha cachaça

Contents

Knowledge, flavour and pleasure	8
What is cachaça?	10
What is not cachaça	32
True cachaça	34
Acquiring taste	38
Tasting and the taster	42
Which cachaça to taste?	52
Tasting – step by step	68
How to identify a cachaça of excellence	84
Sensorial excellence: values, concepts and characteristics	88
Ranking cachaça	102
Guide to filling in a tasting form	108
Recipes	
Caipirinha	146
Marcelina	148
Cashew-friend	150
Passion fruit shake	152
Lime shake	154
Cachaça with lime	156
About the Author	158
Tasting form	163

Sumário

9 Saber, sabor e prazer

11 O que é cachaça?

33 O que não é cachaça

35 A verdadeira cachaça

39 Só gostamos do que provamos

43 A degustação e o degustador

57 Qual cachaça degustar?

69 A degustação passo a passo

85 Como identificar uma cachaça de excelência

93 Excelência sensorial: valores, conceitos e características

103 O *ranking* da cachaça

109 Orientação para preenchimento da ficha de degustação

Receitas

147 Caipirinha

149 Marcelina

151 Caju-amigo

153 Batida de maracujá

155 Batida de limão

157 Cachaça com limão

159 Sobre o Autor

161 Fichas de degustação

Knowledge, flavour and pleasure

This book does not intend to teach you how to drink cachaça. You will teach yourself that. If you want to, of course. It is a very personal thing; like teaching someone to fall in love, to enjoy poetry, to prefer cold showers in the winter or to become adept at mountaineering. Nor will this book make you a professional taster. But if you want to study this subject, to immerse yourself in the beautiful socio-anthropological and poetic universe of cachaça, to begin experiencing remote aromas, rustic flavours, and, above all, loving Brazil and its people – if you have a vocation for beauty and pleasure – you could become a specialist in this art. There are organic and cultural pre-requisites, pre-dispositions and pre-conditions in the making of a *pingófilo* (specialist in *pinga* – cachaça). There is no educational process or science that alone is capable of creating a conscientious and responsible drinker; of creating a happy and sober lover of *pinga*. There are, however, ideas, expectations, principles and paths you can follow. And now, with this book, there is someone to guide you. I can only provide you with the concepts, critiques, facts, attitudes and pleasures of cachaça that I know – because I have tried them, because I have lived them. I can only show you the instruments – knowledge and experience – so that you, reader, may drink with intelligence and pleasure. And tasting is the most effective way for you to gain knowledge, to experience flavour and pleasure.

Saber, sabor e prazer

Este livro não quer ensinar a ninguém beber cachaça. Você é que irá ensinar a si próprio. Se quiser, é claro. É algo muito pessoal. Seria como ensinar a alguém amar uma pessoa, gostar de poesia, preferir o banho frio no inverno ou se tornar adepto do alpinismo. Também não formará um degustador profissional. Mas se quiser estudar bastante, mergulhar no belo universo socioantropológico e poético da cachaça, passar a viver os seus atávicos aromas, os seus rústicos sabores, e, principalmente, se amar o Brasil e o seu povo, se possuir uma vocação para a beleza e o prazer, você poderá ser um profissional desta arte. Existem pré-requisitos, predisposições, precondições orgânicas e culturais, que possibilitam o aparecimento de um pingófilo. Não há pedagogia, ou didática, capaz de, sozinha, criar um bebedor consciente e responsável, inventar um amante lúcido e feliz da boa pinga. Há, sim, idéias, princípios, desejos, caminhos. E alguém que pode apontá-los. Eu apenas lhe transmitirei conceitos, críticas, fatos, atitudes, os prazeres da cachaça, os quais conheço porque os experimentei, porque os vivi. Apenas lhe darei os instrumentos – saberes e vivências – para que você, leitor, beba com inteligência e prazer. E a degustação é o principal instrumento para você saber, para ter sabor e prazer.

What is cachaça?

Distilled alcohol, *cachaça*, *pinga*, *cana*, *caninha* or *paraty* is an *aguardente* of sugar cane (*água + ardente* meaning "burning water", "firewater", a strong spirit). It is a genuine Brazilian drink, invented in 1533, in what used to be Capitania de São Vicente – today the city of Santos, in the state of São Paulo. It came out of the first three sugar-mills constructed in Brazil by a Portuguese colonizer, Martim Afonso de Souza, and his four partners, three Portuguese and one German. They brought the first copper alembic stills to the newly-discovered land and, in the sugar-mills of São Jorge ("Erasmos" or "Governador"), Madre de Deus and São João, they produced "sugar cane wine", "honey wine", "sugar cane honey wine", later "*jeribita da terra*", "*aguardente da terra*" and, finally, "*cachaça*". This was the first industry of Brazil. The sugar-mills spread along the coast to Paraty, Angra dos Reis, Ilha Grande Bay, Guanabara Bay (in the state of Rio de Janeiro), and continued north, eventually lining the entire coast up to the North East of Brazil.

Cachaça, used as goods, currency and even a form of "food", sustained the economic cycles of sugar cane, gold and coffee. It was used to pay for and exchange with other goods. It contributed to the formation of the internal market and was one of Brazil's main exports during the colonial years, the viceroyalty and the empire. It bought slaves and brought them, from Africa, doped and lacking appetite by its effect. It supplied calories to the slaves, reducing their food intake to only one meal per day. Cachaça was used to adorn ceremonies and was served up as an offering in cult rituals. It made people happy and livened up traditional Brazilian celebrations and parties. Cachaça symbolised the independence and sovereignty of Brazil, and was used to toast victories and achievements, to alleviate pains and defeats.

Cachaça was the drink of the first Brazilians – native Indians, black slaves, whites, mixed races and their descendents. Cachaça and the Brazilian people have experienced a common

O que é cachaça?

Destilado alcoólico, a cachaça, *pinga*, *cana*, *caninha* ou *paraty* é uma aguardente da cana-de-açúcar (água + ardente, água que arde), uma bebida genuinamente brasileira, inventada em 1533, na então Capitania de São Vicente (hoje Santos, SP), nos três primeiros engenhos de açúcar construídos no Brasil pelo colonizador português Martim Afonso de Souza e seus quatro sócios, três portugueses e um alemão. Eles trouxeram os primeiros alambiques de cobre para a terra recém-descoberta e fabricaram o "vinho de cana", "vinho de mel", "vinho de mel de cana", depois "jeribita da terra", "aguardente da terra" e, finalmente, "cachaça", nos engenhos de São Jorge ("dos Erasmos" ou "do Governador"), Madre de Deus e São João. Foram as primeiras indústrias do Brasil. Os engenhos sobem a costa, chegam a Paraty, Angra dos Reis, Baía da Ilha Grande, Baía da Guanabara, povoam todo o litoral, até o Nordeste.

A cachaça sustentou, como mercadoria, moeda e "alimento", os ciclos econômicos da cana-de-açúcar, do ouro e do café. Contribuiu para a formação do nosso mercado interno e foi um dos nossos principais produtos de exportação durante a colônia, o vice-reinado, o império. Comprou escravos e os trouxe da África entorpecidos e inapetentes pelo seu efeito; pagou e foi trocada por outras mercadorias; "alimentou", caloricamente, o braço escravo, para que se reduzisse a uma refeição diária; ornamentou cerimônias, serviu de oferenda em cultos, alegrou e animou celebrações e festas do povo brasileiro. Simbolizou a nossa independência e soberania, brindou vitórias e conquistas, aliviou dores e derrotas.

A cachaça foi a bebida dos primeiros brasileiros: índios e negros escravizados, seus descendentes, mestiços e brancos. Cachaça e povo sempre tiveram o mesmo destino de dor e superação. Cachaça e povo têm a mesma história, a mesma alma luminosa, feita de luta, suor, resistência, mística, alegria, sensualidade e beleza. Bebida barata, popular, do povo, não teria outro destino. Durante toda a sua vida,

history of pain, and triumph over pain. They share the same luminous soul, formed through struggle, sweat, resistance, mysticism, joy, sensuality and beauty. A cheap drink, popular (of the people) could not have evolved in any other way. Since it was introduced, it has been discriminated against, persecuted, insulted, mocked, censored, and prohibited by the elite and middle classes. The economic, social, political and intellectual elite always drank cachaça, but minimally so – and always with embarrassment and shame, or as though they were making a political or social concession. Hypocrisy! It was the poor – the worker, the labourer, the farm hand, the fisherman – who really drank cachaça and guaranteed its survival. Through an uninterrupted 124 years between 1635 and 1759, cachaça officially had its own production, commercialisation and conditions of consumption, restricted or prohibited through various forms and means. Someone who drank cachaça in the past (and today), was not only discriminated against, but almost always criminalised as suspicious or regarded as sick or delinquent, living on the fringes of society. The words *cachaceiro* and *pinguço*, popular terms for a person who drinks cachaça, took on a very negative connotation. For this reason, I created the terms *pingofilia* and *pingófilo*, which mean the friend, the drinker, the lover of good *pinga*. The sugar cane is crushed to obtain the juice, which is then fermented and, finally, distilled. The distillation consists of boiling the "must", the fermenting juice – the wine of cane (*mucungo, quira*) – that, transformed in steam, is condensed by cooling and returns to a liquid state. And cachaça is born. When produced on a small scale (non-industrial or homemade), the cachaça drops (in Portuguese, *pinga*), or pours, like a crystal thread, from the tip of the alembic still.

Since its beginning, cachaça has been the drink of the Brazilian people – being affordable and in plentiful supply. Cachaça is a national symbol, representing cultural identity, independence and sovereignty. The history of the people, their struggles, conquests and defeats are imbued with cachaça – conspiring

foi discriminada, perseguida, insultada, achincalhada, censurada, proibida pelas elites e a classe média. O poder, as elites – econômica, social, política, militar, intelectual, religiosa, acadêmica – sempre beberam cachaça. Minimamente. E sempre de maneira envergonhada, com muito pudor. Ou como estivessem fazendo uma concessão política e social. Demagogia. Quem sempre bebeu cachaça, quem garante a permanência da bebida é o povo pobre - trabalhador, operário, camponês, pescador. Durante 124 anos, ininterruptamente, de 1635 a 1759, a cachaça teve, oficialmente, a sua fabricação, comercialização e consumo condicionados, restringidos ou proibidos, de várias formas e por diversos meios. Quem bebia cachaça não era, e não é, apenas discriminado, mas, sim, quase sempre incriminado, criminalizado, como cidadão suspeito, marginal ou doente. As palavras "cachaceiro" e "pinguço", termos populares, ganharam sentido pejorativo, foram subalternizadas, denegridas. Por isso, criei "pingofilia" e "pingófilo", amigo, bebedor, amante da boa pinga. Da cana moída obtém-se o caldo. Feito mosto, o caldo é fermentado e, finalmente, destilado. A destilação consiste na fervura do mosto, vinho de cana (mucungo, quira), que, transformado em vapor, é condensado pelo esfriamento, voltando ao estado líquido. E nasce a cachaça, que "pinga" ou verte como um filete cristalino, na ponta do alambique, quando ela é artesanal.

Desde o seu nascimento, a cachaça é a bebida do povo brasileiro, democrática, farta e comum. Símbolo da nacionalidade, da nossa identidade cultural, da nossa independência e soberania, ela encharca – conspira, brinda e consola – toda a história desse mesmo povo, suas lutas, conquistas e derrotas. Antes de ser um produto econômico, uma mercadoria, a cachaça é uma das mais belas e caras expressões da Cultura Brasileira. A cachaça está presente na economia brasileira desde o século XVI e permeia toda a nossa cultura, todo o seu patrimônio, seus valores, referências e bens, ora como tema, enredo ou elemento de composição, ora como moldura, ornamento, motivação ou estímulo nas suas manifestações. A prova

with, toasting, and consoling the people. Aside from being an economic product, cachaça is one of the most beautiful and dear expressions of Brazilian culture. Permeating all cultural aspects – heritage, values, and references – it sometimes appears as a theme, plot or element of composition, or as a frame, ornament or motivation for expression. The proof of the vitality and cultural presence of cachaça can be seen within the linguistic heritage that was created, and continues to evolve. There is an available lexical collection, with around a thousand synonyms of the word *cachaça*, of which *paraty* has the widest historical and cultural scope and has been recognised internationally since the seventeenth century. Also available is the formidable body of historical facts related to cachaça, created not by the elite, but by the very people that consume and appreciate cachaça. One could argue, that possibly no other single element from Brazil's rich heritage has, on its own, been responsible for, or is as capable of, creating so much within heritage, memory and culture, in every day life and in the collective imagination, as cachaça. The term *cachaça*, with the pronunciation and meaning that we know, is a Brazilian word, from the spoken Portuguese of Brazil. It comes from the Spanish *cachaza*, which, in the Middle Ages, referred to "a brandy of inferior quality". The word only entered common usage in the second half of the eighteenth century. These are the true origins of the product and its denominations. Everything else that the reader may find in the media, in books or on the Internet are fantasies, fiction, creative versions, coming from ignorance and imagination, with no scientific or historical basis.

Since 1972, laws and decrees in Brazil defined, redefined, appraised and reappraised cachaça. Today, the following is in force.

Cachaça is the specific and exclusive denomination of sugar cane spirit produced in Brazil, with levels of alcohol of 38% to 48% in volume at 20° C, obtained by distillation of fermented sugar cane must which results in specific sensorial characteristics. To this distillation, up to 6 grams of sugars per litre

da vitalidade e permanência cultural da cachaça está no patrimônio lingüístico que criou e que continua a criar: existe um acervo léxico disponível, cerca de mil sinônimos da palavra "cachaça", sendo que "paraty" é o de maior lastro histórico e cultural e consagrado internacionalmente, desde o século XVII. Disponível, também, está uma formidável fortuna crítica da cachaça, criada, não pelas elites, mas pelo próprio povo que a consome e a venera. Nenhum elemento ou riqueza brasileira foi responsável e é capaz de tanta criação, de tanto patrimônio e memória, de tanta cultura material e imaterial, no cotidiano e no imaginário, que a cachaça. O termo "cachaça", com o som que falamos e com o significado que conhecemos, é uma palavra brasileira, do português falado no Brasil. Vem do espanhol "cachaza", que, na Idade Média, denominava "uma bagaceira de qualidade inferior". A palavra só se tornou usual entre nós na segunda metade do século XVIII. Essas são as verdadeiras origens do produto e das suas denominações. Tudo o mais que o leitor encontrar na mídia, nos livros e na Internet são fantasias, ficções, versões criativas, fruto da ignorância e da imaginação, sem nenhum fundamento científico e histórico.

Desde 1972, leis e decretos, no Brasil, definem, redefinem, conceituam e reconceituam a cachaça. Hoje, está em vigor o seguinte:

Cachaça é a denominação típica e exclusiva da aguardente de cana produzida no Brasil, com graduação alcoólica de trinta e oito a quarenta e oito por cento em volume, a vinte graus Celsius, obtida pela destilação do mosto fermentado de cana-de-açúcar com características sensoriais peculiares, podendo ser adicionada de açúcares até seis gramas por litro, expressos em sacarose (Art. 92 do Regulamento da Lei nº 8.918, de 14.7.1994, aprovado pelo Decreto nº 2314, de 4.9.1997, com redação dada pelo Decreto nº 4.851, de 2003).

Até 1997, a graduação alcoólica da cachaça ia de 38% a 54%, faixa que, hoje, pela legislação vigente, é característica definidora da *aguardente de cana*. Para a massa consumidora, porém, ela continua valendo para identificar a bebida. Em 2001, o governo brasileiro deu o

can be added, in the form of saccharose. (Article 92 of Regulation of Law 8918, of 14 July 1994, approved by the Decree 2314, of 4 September 1997, with amendments from Decree 4851 of 2003).

Until 1997, the alcohol level of cachaça used to range from 38% to 54%, which today, by the current law, is a defining characteristic of *aguardente de cana*. For most consumers, though, this range continues to be valid in identifying the beverage. In 2001, the Brazilian government took the first step for the protection of the name "*cachaça*", recognising it as a "geographic indication". That is, it declared that the name cachaça was a word of exclusively Brazilian origin and use, establishing "geographic indication" for the purpose of the international market (Decree 4062, from 21 December 2001). It was a political safeguarding measure to avoid the name cachaça being used as a brand name by other countries that also produce and sell sugar cane spirits, like Peru, Costa Rica, Paraguay, Cuba, Trinidad and Tobago, Cape Verde, among others. The Decree had as its basis an international agreement about the aspects of Intellectual Property Rights that permit the protection of a product name that had acquired geographic connotation. Brazil should promote international registrations within the World Trade Organization and other organisations. The immediate objective would be to ensure that the word cachaça is accepted and protected as an exclusively Brazilian product name. In 1977, Mexico achieved this for its country in relation to tequila, a distillation of agave. In several countries, there are ongoing requests to register the name *cachaça*, as happened with *rapadura* (type of sugar cane candy) and *cupuaçu* (a tropical fruit). Brazil is in multilateral negotiations to advance the legislation with the intention of protecting the geographic indication of cachaça as exclusively Brazilian and as a result to have a stronger presence in the international market.

The subject is highly complex; the national and international laws are diverse, at times conflicting, in the use of terminology,

Lavoura irrigada e corte correto da cana-de-açúcar, na região do Seridó, nordeste brasileiro: muito sol, tratos manuais e adubo orgânico garantem produto limpo, saudável, com alto grau de sacarose, matéria-prima para uma cachaça de excelência.

Irrigated field and correctly cut sugar cane in the region of Seridó, in the North East of Brazil. Plenty of sun, proper handling and organic compost assure a clean healthy product – with high levels of saccharose – the raw material for a cachaça of excellence.

Madura, fresca e limpa, a cana é imediatamente moída após a colheita. O caldo, decantado e filtrado, resultará em mosto na fase da fermentação.

Mature, fresh and clean, the sugar cane is immediately crushed after harvest. The juice, after sedimentation and filtration, will result in must during the fermentation phase.

primeiro passo para a proteção do nome "cachaça", reconhecendo-o como indicação geográfica. Isto é, declarou que o nome "cachaça" é um vocábulo de origem e uso exclusivamente brasileiros, constituindo indicação geográfica para os efeitos no mercado internacional (Decreto 4062, de 21.12.2001). Foi uma medida política de salvaguarda, para evitar que a indicação "cachaça" seja utilizada como marca no mercado internacional por outros países que também fabricam e comercializam aguardente de cana-de-açúcar, como o Peru, a Costa Rica, o Paraguai, Cuba, Trinidad Tobago, Cabo Verde, entre outros. O decreto teve como base um acordo internacional sobre os aspectos dos Direitos de Propriedade Intelectual, que permite a proteção de indicação que tenha adquirido conotação geográfica. O Brasil deverá promover registros internacionais junto à Organização Mundial do Comércio e a outros organismos. O objetivo imediato será fazer com que o termo "cachaça" seja aceito e protegido como uma denominação exclusivamente brasileira. Em 1977, o México fez o mesmo com relação à tequila, um destilado do agave. Em vários países, tramitam processos de pedidos de registro da nossa marca "cachaça", como aconteceu com a "rapadura" e o "cupuaçu". O Brasil está discutindo, avançando na legislação e nas negociações multilaterais, no sentido de proteger a indicação geográfica "cachaça" como uma indicação exclusivamente brasileira e assim se impor no mercado internacional.

O assunto é altamente complexo, as legislações nacionais e internacionais são diversas, às vezes conflitantes, no uso das denominações, dos conceitos, dos institutos e categorias jurídicas, sua interpretação e aplicação. No Brasil, a cachaça é um produto fabricado de várias formas, num país continental, de muitas culturas, tradições e gostos diversos. A quase totalidade das cachaças é ruim: elas não são saborosas, gostosas. As raríssimas marcas que apresentam excelência sensorial têm produções mínimas e são consumidas por muito pouca gente, apenas alguns milhares de pessoas. A concessão de "indicações geográficas", conforme a nossa Lei de Propriedade Industrial na forma

concepts, legal rules and categories and in their interpretation and application. In Brazil, cachaça is produced in various forms, in a continental country, of many cultures, traditions and various tastes. Almost all cachaças are poor; they are not flavoursome, not enjoyable. The rare brands that present sensorial excellence are produced on a very small scale and are consumed by very few people, only in their thousands. The concession of "geographic indications" conforms to Brazilian Industrial Property Law, in the form of the granting of licences of "origin indication" to several cachaças of Brazil – "Cachaça de Paraty", "Cachaça de Minas", "Cachaça Capixaba", "Cachaça Catarinense", "Cachaça Gaúcha" and so on. However, "designation of origin" licences given for the geographic names "Paraty", "Minas", and so on, in my view, become very difficult technical and legal matters. This is because the category "designation of origin" refers to the geographic name that identifies the product whose "qualities or characteristics are exclusive or essential to this same geographical environment, including natural and human factors". This definition also implies that in order to be granted a "designation of origin" licence, the product must comply with "quality requirements". A cachaça could still be produced in compliance with all the legal requirements in force – in relation to the chemical composition of the beverage, the basic rules of production, the weight and measures and the labelling – and yet not achieve sensorial excellence. The superior quality and sensorial excellence must be checked by sensorial control boards, which issue authorisation for the use of a stamp of identification. This should be done in the same manner as the European sensorial control boards recognise the "designation of origin" of *cognac*, *champagne*, port, in their "designated regions". Not all brandies, just because they are produced in the region of Cognac in France, are *cognacs*. Not all sparkling white wines produced in the Champagne region of France are *champagnes*. The European "geographic indication" or the Brazilian "designation of

de registros de "indicação de procedência" a várias cachaças do Brasil – "Cachaça de Paraty", "Cachaça de Minas", "Cachaça capixaba", "Cachaça catarinense", "Cachaça gaúcha" etc. –, se apresenta como providência possível, de acordo com a nossa legislação. No entanto, os registros de "denominações de origem", para os nomes geográficos "Paraty", "Minas" etc., no meu entendimento, tornam-se questões técnicas e jurídicas bastante difíceis. Isto porque a categoria "denominação de origem" é o nome geográfico que designa o produto "cujas qualidades ou características se devam exclusiva ou essencialmente a esse mesmo meio geográfico, incluídos fatores naturais e humanos". Esta última característica nos remete a outra exigência da lei para o uso da "denominação de origem": a concessão do registro deve atender a "requisitos de qualidade". Isto não significa apenas cumprir as exigências legais vigentes quanto ao padrão de identidade e qualidade da cachaça, que não alcançam a excelência sensorial, mas contemplam apenas a composição química da bebida, as regras básicas de produção, de pesos e medidas e a rotulagem. A qualidade superior e excelência sensorial devem ser conferidas por bancas sensoriais, que emitem autorização para uso de um selo identificador, a exemplo das bancas sensoriais européias que reconhecem a "denominação de origem" ao conhaque, ao champanhe, ao vinho do porto, nas suas "regiões demarcadas". Entretanto, nem todos os *brandies*, pelo fato de serem fabricados na região de Cognac, na França, são *cognacs*. Ou nem todos os vinhos espumantes brancos feitos na região de Champagne, também na França, são *champagnes*. A "indicação geográfica" dos europeus ou a "denominação de origem" brasileira vai além da geografia, da região onde é fabricada a bebida. Para se ter o direito de uso exclusivo dessa "denominação de origem", é fundamental a excelência sensorial, derivada dos tais "fatores naturais e humanos", exclusivos, peculiares, característicos, traduzidos por solo, clima e cultivo das uvas, tecnologias, tradição etc. E esse caráter de excelência sensorial, essa qualidade superior sensorial, é comprovado por bancas sen-

origin" go beyond the geography or the region where the beverage is produced. To have the right for the exclusive use of this "designation of origin", sensorial excellence is fundamental. This sensorial excellence comes from those natural and human factors: distinctive characteristics, translated by soil, climate and grape cultivation, technology, tradition, and so on. It is this character of sensorial excellence, this superior sensorial quality, which is checked by the sensorial control boards, which are made up of professional tasters trained as specialists for this type of work. For example, in the state of Rio Grande do Sul, the wine from the Vale dos Vinhedos ("origin of indication") could only be identified as having the "designation of origin" after scrutiny by the sensorial control board. Sensorial excellence is fundamental for the issuing of licences and the usage of the stamp of identification of "designation of origin". The establishment of rules of identity and standardisation of cachaça that go beyond the general and basics regulations of production – chemical composition, requirements of presentation (bottle, label and back label) – is necessary and urgent. For example, it would be important to identify on the label the mode of production, whether industrial or non-industrial, a distinction that the industry does not divulge. Also, it is important to tell the consumer if there was only one, or more than one, distillation; to inform about alcohol rectifications, addition of substances, mixtures, infusions, aging time, type of wood in which the beverage was resting; and, also, about the chemical composition of the cachaça.

Cachaça can have an industrial or non-industrial production, depending not only on its mode of production, but also, mainly, on its regime of production. There are different volumes and times, various processes and types of equipment. The non-industrial or homemade cachaça is distilled in copper alembic stills, produced in batches, in small quantities, following empirical and consecrated practices for almost 500 years. It applies wisdom generally handed down from father to son, practices which today are

soriais, constituídas por degustadores profissionais, formados, treinados, capacitados para o mister. Mesmo entre nós, no Rio Grande do Sul, os vinhos do Vale dos Vinhedos, que não possuem "denominações de origem", mas apenas "indicações de procedência", só podem ser assim identificados após o crivo de uma banca sensorial. A excelência sensorial, conferida por bancas de provadores especializados, é fundamental para a concessão do registro e o uso do selo identificador da "denominação de origem". São necessários e urgentes o estabelecimento de regras de identidade e a padronização da cachaça, que vão além das normas gerais e básicas de produção, da composição química, dos requisitos de apresentação (garrafa, rótulo e contra-rótulo). Por exemplo, seria importante a identificação no rótulo sobre o modo de produção – industrial ou artesanal –, distinção que a indústria não admite; dizer ao consumidor se houve apenas uma ou mais de uma destilação; informar sobre retificações alcoólicas, adições de substâncias, misturas, infusões, tempo de envelhecimento, espécie de madeira na qual a bebida foi repousada, e, ainda, sobre a composição química daquela cachaça que se vai consumir.

A cachaça pode ter fabricação industrial e artesanal, dependendo não apenas do seu modo de produção, mas, principalmente, do seu regime de produção. São volumes e tempos diferentes, processos e equipamentos diversos. A cachaça artesanal é destilada em alambique de cobre, fabricada em bateladas, em pequenas quantidades, seguindo práticas empíricas consagradas há quase quinhentos anos, uma sabedoria, em geral uma herança de pai para filho, práticas, hoje, confirmadas e constantemente aperfeiçoadas pela pesquisa e pelo conhecimento técnico-científico. O tempo de produção é lento, no ritmo da vida, no clima da terra, pois todas as reações físico-químicas nas suas fases de produção acontecem naturalmente, sem a interferência humana e sem a adição de substâncias artificiais, no sentido de acelerar, abreviar, modificar processos e resultados. No processo artesanal, verifica-se a homogeneidade da matéria-prima, a cana-de-açúcar, e

confirmed and constantly improved upon by research and technical scientific knowledge. The time of production is slow, in the rhythm of life and nature, according to the climate of the earth, because all physical and chemical reactions in its phases of production happen naturally. There is no human interference, nor any addition of artificial substances in order to accelerate, condense or modify processes and results. In the non-industrial process, we can see the homogeneity, uniformity of the inputs – the raw material, the sugar cane – and the results: the discarded beginning of the distillation (from 10% to 15%), called the "head"; and the end of the distillation (from 10% to 15%), known as the "tail", "rear" or "weak water". Both "head" and "tail" are toxic parts of the distillation which are worthless to those trying to produce a product of quality. The only part that is used is the "heart" of the distillation, the noble part of the process. The alembic distiller is an artisan who makes cachaça with wisdom and also with the "heart", the heart of the distillation and his own heart, because it is an activity that requires love, serenity, sensibility and generosity. The non-industrial or homemade cachaça can exhibit perfect chemical structure and exuberant sensorial virtues of aroma and flavour.

On the other hand, the industrial cachaça is born from continuous distillers or columns of distillation, of steel and copper, characterised by the daily production of thousands of litres of cachaça and the automated and computerised monitoring of the whole production process. The raw material is the sugar cane that was burned to remove the leaves and subsequently washed. All of the must in ethanol, transformed through rapid fermentation brought on by artificial chemical substances (with the addition of urea, sulphuric acid, and so on), is utilised in an even faster distillation in large volumes. The proportion of alcohol obtained, is generally around 46.5% in volume at 20° C. Before bottling, standardisation takes place. This consists of taking cachaças originating from several producers and diluting them in treated water in order to obtain a level

são desprezados o início do destilo (de 10% a 15%), chamado de "cabeça", e o final do destilo (de 10% a 15%), conhecido como "rabo", "cauda", "água fraca" ou "caxixi", partes tóxicas, imprestáveis para quem procura produzir um produto de qualidade. Aproveita-se apenas o "coração" do destilo, parte nobre do processo. O alambiqueiro é um artesão que faz cachaça com sabedoria, e, também, com o "coração", do destilo e com o seu coração, pois é um ofício que exige amor, serenidade, sensibilidade, doação, generosidade. A cachaça artesanal pode exibir estrutura química perfeita e virtudes sensoriais de aroma e sabor exuberantes.

Já a cachaça industrial nasce de destiladores contínuos ou colunas de destilação, de aço e cobre, caracteriza-se pela fabricação diária de milhares de litros e o monitoramento automatizado e computadorizado de todo o processo de produção. A matéria-prima é a cana queimada para o desfolhamento e posterior lavagem. Todo o mosto transformado em etanol, numa fermentação rápida provocada por substâncias químicas artificiais (com a adição de uréia, acido sulfúrico etc.), é aproveitado numa destilação ainda mais veloz, de grandes volumes. O teor alcoólico obtido, geralmente, está em torno de 46,5% ao volume a 20° C. Antes do engarrafamento dá-se a standardização, que consiste em padronizar cachaças oriundas de vários produtores, diluindo-as em água tratada para se obter uma graduação geralmente entre 38% e 41%, adicionando-se, ainda, xarope de açúcar e caramelo. Utilizando equipamentos e tecnologias de ponta, promovendo um controle químico sofisticado dos componentes da bebida, a indústria gaba-se de ser a única capaz de fabricar uma "cachaça de qualidade", dentro dos padrões que a legislação e o mercado exigem, e que a cachaça artesanal, por falta de equipamentos de mensuração e controle, generalizadamente não apresentaria. No entanto, a indústria ainda não conseguiu oferecer ao consumidor um produto com a excelência sensorial, com o aroma e o sabor agradáveis próprios de algumas, pouquíssimas, pingas artesanais. O fato de uma cachaça ser artesanal não significa que ela tenha excelência ou qualidade

generally between 38% and 41%. Sugar syrup and caramel are also added. By utilising cutting-edge equipment and technology and promoting a sophisticated chemical control of the components of the beverage, the industry boasts to have the unique capacity to produce "quality cachaça" within the standards that the legislation and the market require, that non-industrial cachaça would not meet because of the lack of measuring and control equipment. In spite of this, the industry has not yet managed to offer to the consumer a product with sensorial excellence with the pleasant aroma and flavour typical of some very rare, non-industrial *pingas*. On the other hand, being produced via non-industrial methods does not mean that the cachaça has superior quality and excellence. Almost all non-industrial *pingas* are average; they are just drinkable. What both the industry of columns and the non-industrial alembic must convince themselves of, is that in terms of cachaça, quality is not translated only by complying with the law or producing a product that is not harmful to health. Quality is a duty, an obligation. It is a matter of honesty. The aspect, the colour, the aroma and the taste of the beverage must be pleasant, desirable. Its consumption must result in satisfaction and pleasure. The qualifications "good", "tasty", "delicious" belong to quality; they are implicit; they are inherent to "quality", so that the product can be accepted by the consumer. This is the point at which fidelity to the genre, the type and to the label is established. And there can be no limits to the pursuit of this. Producers should research incessantly, to satisfy, to positively respond to, to meet, and to please the senses of the consumer, especially the nose and the palate. So, hearing adjectives "incomparable", "marvellous", "divine" from the consumer, should be the target. You would not buy and consume a product with a bad smell and flavour simply because the chemical structure is perfect, complies with the law and has its composition approved by the government.

It is true that one of the problems of non-industrial cachaça is the maintenance of the standard of quality – that is, the chemical

superior. As pingas artesanais são, na sua quase totalidade, apenas bebíveis, medianas. "Dá pra beber", sentencio. O que tanto a indústria das colunas quanto o artesanato do alambique devem se convencer é de que, quando se trata de cachaça, qualidade não se traduz apenas em "cumprir a lei" ou fabricar um produto "que não seja prejudicial à saúde". Isto é dever, é obrigação. É como ser honesto. O aspecto, a cor, o aroma e o gosto da bebida haverão de ser agradáveis, objetos de desejo, e do seu consumo resultar satisfação, prazer. Os qualificativos "bom", "gostoso", "delicioso" integram a "qualidade", estão implícitos, são inerentes à "qualidade", para que o produto seja aceito pelo consumidor, e daí nasça a fidelidade ao gênero, à espécie e à marca. E os projetos dos fabricantes não devem ter limites, não devem ser terminativos: buscarão, incessantemente, satisfazer, responder positivamente, atender, agradar, cada vez mais, aos sentidos do consumidor, especialmente ao olfato e ao paladar. Assim, os adjetivos "incomparável", "maravilhoso", "divino" serão perseguidos para fazer os juízos e exclamações do consumidor. Você não irá comprar e consumir um produto com odor e sabor 'vomitativos', simplesmente porque a sua estrutura química está perfeita, de acordo com a lei, e a sua composição aprovada pelo Estado.

É verdade que um dos problemas da cachaça artesanal é a manutenção de um padrão de qualidade, isto é, estrutura química e sabor, pois de cada alambicada surge uma obra-de-arte, que geralmente é única, resultado de uma determinada matéria-prima, reações físico-químicas e conduta do alambiqueiro, influenciadas, circunstancializadas por diversos fatores naturais e humanos, respectivamente. Cada alambicada é como um quadro de um pintor, de um mesmo pintor, que tem um talento, uma técnica, uma sabedoria. O desafio é pintar quadros, criar obras de um mesmo nível, isto é, fazer cachaças com a mesma qualidade, com a mesma excelência atingida, tomada uma alambicada primorosa como parâmetro a ser reproduzido.

De aroma e sabor únicos, peculiares, a cachaça é a segunda bebida alcoólica (perdendo apenas para a cerveja) e o primeiro destilado

structure and flavour. From each alembic distillation a work of art is produced that is generally unique; the result of a particular raw material; physical-chemical reactions and the skill of the alembic distiller. These, in turn, are influenced and affected by circumstances involving several natural and human factors. Each round of distillation is like a painting by the same artist that has talent, technique and wisdom. The challenge is to create paintings of the same calibre, that is, to make cachaças of the same quality with the same achieved excellence, from one exquisite round of distillation, as a standard to be followed, to the next.

With its unique, particular aroma and flavour, cachaça is the second most consumed alcoholic drink (second only to beer) in Brazil. It is the first most consumed distilled liquor in Brazil and third in the world, coming after soju and vodka. If we divide the consumed amount by the country's population, it would be equivalent to 11 litres per Brazilian per year. Brazil's annual production is 1.3 billion litres. Most of this is from the industrially produced cachaça. Only 300 million litres is produced non-industrially. Internal consumption reaches 900 million litres, representing 86% of the internal market of distilled liquors. The area planted with sugar cane measures 125,000 hectares, with an annual harvest of 10 million tons of sugar cane. There are 30,000 producers. Of these, 25,000 are non-industrial. The sector employs 450,000 jobs directly and 900,000 jobs directly and indirectly, generating US$ 600 million. Brazil exports around 12 million litres of cachaça, less than 1% of its production, with Germany buying a third of this total. There are 140 companies exporting to 60 countries. There are 6000 brands of cachaça competing within an immense market of 900,000 points of sale. Cachaça is made in all the Brazilian states, but most of the sugar-mills and products are illegal or unlicensed. The state of São Paulo is the largest producer of cachaça in the country. The people of the state of Minas Gerais have been drinking cachaça since the discovery of gold there, more than 300 years ago, but only

mais consumido do Brasil e o terceiro do mundo. Fica atrás do soju e da vodca. Cada brasileiro bebe 11 litros de cachaça por ano. A nossa produção anual está em 1 bilhão e 300 milhões de litros. A maior parte é de cachaça industrial. De origem artesanal, apenas 300 milhões de litros. O consumo interno atinge 900 milhões de litros, representando 86% do mercado interno de destilados. A área plantada de canaviais mede 125 mil hectares, com safra anual de 10 milhões de toneladas de cana. São 30 mil produtores. Destes, 25 mil artesanais. O setor mantém 450 mil empregos diretos e 900 mil empregos diretos e indiretos, gerando US$ 600 milhões. Exportamos cerca de 12 milhões de litros, menos de 1% da produção, comprando a Alemanha um terço desse total. Cento e quarenta empresas exportam para 60 países. O estado de São Paulo é o maior produtor de cachaça do País. Minas Gerais é o maior produtor de pinga artesanal. A bela Paraty, Município Monumento Nacional, no Rio de Janeiro, é o centro de excelência, onde se fabrica muito pouco e a melhor cachaça do mundo, com mais de quatro séculos de tradição, ciência, arte, tecnologia, sabedoria, cultura na invenção da bebida. Uma alquimia hereditária, telúrica, atávica, de gerações e famílias. Minas bebe cachaça desde a descoberta do ouro, há mais de trezentos anos, mas só iniciou a produção por volta de 1800. Todos os estados brasileiros fabricam cachaça, sendo clandestina, não registrada, a maioria dos engenhos e produtos. Seis mil marcas de cachaça disputam um imenso mercado de 900 mil pontos de venda. Mais informações e crítica acerca dos aspectos históricos, sociais, culturais, antropológicos e econômicos (de produção, comércio e consumo) da cachaça, o leitor poderá encontrar no livro *Cachaça – Prazer Brasileiro* (Mauad), de Marcelo Câmara.

started to produce it around 1800. Today, the state of Minas is the largest producer of non-industrial *pinga*. The beautiful Paraty, a National Municipal Monument, in the state of Rio de Janeiro, is a centre of excellence, where a very small amount of the best cachaça in the world is made. Paraty has over four centuries of tradition, science, art, technology, wisdom, culture in the creation of the beverage. It is an inherited, natural art form passed down from generation to generation and family to family. More information about the historical, social, cultural, anthropological and economic (production, commerce and consumption) aspects of cachaça can be found in the book "*Cachaça – Prazer Brasileiro*" (Mauad) by Marcelo Câmara.

What is not cachaça

As we saw, cachaça is the only *aguardente* (spirit) derived from sugar cane juice, that is fermented and distilled, and shows levels of alcohol of 38% to 48% in volume at 20° C. "*Aguardente de cana*" has an alcohol level of 38% to 54% in volume at 20° C and is obtained from the simple alcoholic distillate of sugar cane or by the distillation of fermented must of sugar cane juice, to which can be added a quantity of sugars in the same way as can be added for cachaça. *Aguardente* made from treacle, the final sub-product of sugar cane, is not cachaça. Nor is the *aguardente* obtained from molasses or from *rapadura*. Cachaça is also not the *aguardente* from cereal or vegetables; or the simple alcoholic distillates with an agricultural origin, including sugar cane and treacle.

It is also wrong to say that any of the following exist: "*cachaça de cereal*" (cereal cachaça), from rice, corn, soya, wheat, etc.; "*cachaça de fruta*" (fruit cachaça), from *jabuticaba*, bananas, grapes, apples, apricots, plums, cherries, pears, peaches etc.; "*cachaça de batata*" (potato cachaça) or "*cachaça de beterraba*" (beetroot cachaça), or any other tuberous root, like ginger, manioc (cassava); "*cachaça de vegetal*", distillate made from the fermentation and distillation of must from vegetables. None of these are cachaça. These descriptive names

Como vimos, cachaça é somente a aguardente derivada do caldo da cana-de-açúcar, que, transformado em mosto, é fermentado e destilado, e apresenta uma graduação de 38% a 48% a 20° C. Aguardente de cana tem a graduação de 38% a 54% em volume, a 20° C, e é obtida do destilado alcoólico simples de cana-de-açúcar ou pela destilação do mosto fermentado do caldo de cana-de-açúcar, podendo ser adicionada de quantidade de açúcares tal qual a cachaça. Aguardente feita do melaço, o último subproduto da cana-de-açúcar, não é cachaça. Também não é cachaça a aguardente obtida do melado ou da rapadura. Também não são cachaças: a aguardente de cereal e a aguardente de vegetal; os destilados alcoólicos simples de origem agrícola, inclusive o de cana-de-açúcar e o de melaço.

Também não existem, é errado dizer: "cachaça de cereal", de arroz, milho, soja, trigo etc.; "cachaça de fruta", de jabuticaba, banana, uva, maçã, abricó, ameixa, cereja, maçã, pêra, pêssego etc.; "cachaça de batata" ou "cachaça de beterraba", de qualquer outro tubérculo, como gengibre, aipim (mandioca); "cachaça de vegetal", destilado feito da fermentação e destilação de mostos de ervas. Nada disto é cachaça. São denominações mais que impróprias, equivocadas. Também não são cachaças: as misturas de álcool etílico potável de origem agrícola (jurubeba e gengibre) com álcool retificado, com aromatizantes e outros aditivos permitidos; e as misturas de aguardente de cana-de-açúcar com extratos e substâncias, aromáticas ou não, de origem vegetal. As bebidas compostas ou as misturas de destilados alcoólicos vários com substâncias aromáticas, ou obtidas da maceração ou infusão de substâncias vegetais, nada disso é cachaça.

A tiquira, destilado alcoólico simples de mandioca, ou do seu mosto fermentado, também não é cachaça. A cajaína, aguardente obtida do destilo do mosto fermentado do caldo do caju, muito famosa no Ceará no começo do século XX, também não é cachaça. Assim como

are inappropriate and erroneous. The following are also not cachaça: the mixtures of drinkable ethanol with an agricultural origin (jurubeba and ginger) with rectified alcohol, with aromatic and other permitted additives; and mixtures of *aguardente* of sugar cane with extracts and substances of vegetable origin. The mixed beverages of various distilled alcohols with aromatic substances, or obtained through pressing or infusion of vegetable substances – none of these are cachaça.

Tiquira, a simple alcoholic distillate from manioc, or from fermented must, is also not cachaça. *Cajuína*, *aguardente* obtained from the distillation of fermented must from the juice of cashew fruit, very famous in the state of Ceará at the beginning of the twentieth century, is also not cachaça. Just as we cannot give the name cachaça to *batidas* and *bate-bate* (cocktail shakes) made with cachaça and fruit, any cocktail or drink that contains cachaça, like *samba* (cachaça with Coca-Cola), or *rabo-de-galo* (cachaça with Cinzano), cachaça with Underberg or any other Fernet or bitter. Also not cachaça, are the caipirinha (see page 146) and the *gengibrina*, which is a mixture of cachaça with ginger, very popular in the state of Amapá.

True cachaça

New, white and fresh cachaça. Undressed and untreated. Virgin. Transparent; translucent like spring water. *Aguardente* that drops from the tip of the alembic still. This is true cachaça. As the wise and unbeatable Brazilian writer, Rubem Braga, wrote: "Blood of the earth that the Brazilian brings into his own blood".

Aged cachaça is not cachaça. Aged cachaça is aged cachaça. It is another beverage because there has been modification of its original elements, of its physical, chemical and organoleptic characteristics, namely, in those that impress our senses and are capable of perceiving and registering. Aged cachaça is seasoned with the elements of wood. In a complex process of aging or of maturation of

não podemos chamar de cachaça, as batidas, os bate-bate nordestinos, feitos de cachaça e frutas; o coquetel, o drinque à base de cachaça ou que contenha cachaça, como o samba (cachaça com coca-cola), o rabo-de-galo (cachaça com cinzano), a cachaça com *underberg* ou qualquer outro *fernet* ou *bitter*. A caipirinha (ver pág. 147), a gengibrina, que é mistura da cachaça com gengibre, muito popular no Amapá, nada disso é cachaça.

A verdadeira cachaça

Cachaça nova, branca e fresca. Nua e crua. Virgem. Transparente, translúcida como água da fonte. Aguardente que pinga na ponta do alambique. Esta é a verdadeira cachaça. Um sangue da terra que o brasileiro põe no próprio sangue, como escreveu sabiamente o insuperável Rubem Braga.

Cachaça envelhecida não é cachaça. Cachaça envelhecida é cachaça envelhecida. Uma outra bebida, porque modificada nos seus elementos originais, nas suas características físicas, químicas e organolépticas, isto é, aquelas que impressionam os nossos sentidos e estes são capazes de perceber e registrar. A cachaça envelhecida é temperada com elementos da madeira. No complexo processo de envelhecimento ou de maturação da cachaça, ocorrem reações de subtração, adição e interação das substâncias secundárias da bebida, especialmente os alcoóis superiores e os ésteres. A espécie de madeira escolhida e as condições de temperatura e umidade influenciam decisivamente a velocidade e o equilíbrio das reações que acontecem durante a convivência e diálogo entre a cachaça e a madeira. Esta transforma a cachaça, e vice-versa. Água, álcool etílico e outros voláteis são perdidos, evaporados, durante o envelhecimento, através dos poros da madeira, e, paralelamente, ocorre o aumento de outras substâncias. A cor, o aroma e o gosto da cachaça são modificados. Para ser conside-

cachaça, reactions of subtraction, addition and interaction of secondary substances of the beverage occur – especially the superior alcohols and the esters. The type of wood chosen and the conditions of temperature and humidity influence decisively the speed and equilibrium of the reactions that happen between the cachaça and the wood whilst they are in contact. This transforms the cachaça, and vice versa. Water, ethanol and other volatiles are lost, evaporated, during the aging through the pores of the wood and, at the same time, other substances can be found at in higher quantities. The colour, aroma and taste of the cachaça are modified. To be considered aged cachaça, 50% of it should have rested in casks or barrels of wood up to 700 litres, sealed by the *Ministério da Agricultura, Pecuária e Abastecimento* – MAPA (Ministry of Agriculture, Livestock and Supply), for a period not less than one year.

Sweet cachaça is not cachaça. Sweet cachaça is sweet cachaça. This is because it too has been modified from its original chemical structure. The law calls "sweet cachaça" that which "may contain sugars in quantities more than 6 and less than 30 grams per litre". Generously, as we saw above, the legislation accepts that to have pure, true cachaça, "*sugars up to 6 grams per litre, in saccharose form*" can be added. That, for me, despite being legal, is a bizarre permission.

Aged cachaça in its six variations – "Aged" (properly named), "Silver", "Gold", "Premium", "Extra Premium" and "Special Reserve" – and sweet cachaça are not cachaça. Both have been modified: the first, by time spent resting in live wood; the second, by the addition of sugar. They are two other types of cachaça, according to the law, in other two articles, regulated like two other beverages. Just as the adjectives "aged" and "sweet" modify the noun "cachaça", the wood and the sugar modify the original beverage to create two other beverages. But they are not pure cachaças, true cachaças.

The same can be said of aromatised cachaças or those infused with plants, roots, herbs or fruit; they are not "cachaças". They are modified cachaças. They are other beverages.

rada cachaça envelhecida, 50% dela devem ter repousado em tonel ou barril de madeira de até 700 litros, lacrado pelo Ministério da Agricultura, Pecuária e Abastecimento – MAPA, por um período não inferior a um ano.

Cachaça adoçada não é cachaça. Cachaça adoçada é cachaça adoçada. Porque também foi modificada na sua estrutura química original. A lei chama de "cachaça adoçada" aquela que "contiver açúcares em quantidade superior a seis e inferior a trinta gramas por litro". Generosa, a legislação admite que, como vimos acima, à cachaça pura, nova, verdadeira, sejam adicionados "*açúcares até seis gramas por litro, expressos em sacarose*", o que, para mim, apesar de ser uma adulteração legal, é uma permissão bizarra.

"Cachaça envelhecida", nas suas seis variações ("Envelhecida", propriamente dita, "Prata", "Ouro", "Premium", "Extra Premium" e "Reserva Especial"), e "cachaça adoçada" não são cachaças. Ambas foram modificadas. A primeira, pelo tempo de repouso na madeira viva. A segunda, pela adição do açúcar. São outros dois tipos de cachaça, previstos na lei, em outros dois dispositivos, regulados como duas outras bebidas, além da "cachaça". Assim como os adjetivos "envelhecida" e "adoçada" modificam o substantivo "cachaça", a madeira e o açúcar modificam a bebida original, matriz, criando duas outras bebidas. Elas não são cachaças puras, verdadeiras.

O mesmo podemos dizer das cachaças aromatizadas ou com infusões de plantas, raízes, ervas, frutas: não são "Cachaças". São cachaças modificadas. São outras bebidas.

Acquiring taste

A great untruth in the history of humanity is the idea that "taste cannot be debated". It is a false statement in my opinion, which encourages ignorance, justifies deadlocks and favours escape in conversations, especially in the field of art. Yes, I think taste can be debated, a lot. Because we can build, form, educate and evolve taste. The subjective elements of taste have less weight than the objective. However, on evaluation, even they can be modified at any time. They can be modified by the objective elements that are in the characteristics of what is being judged. In other words, the observation of the object, its handling, its co-existence with certain products and so on, changes and improves our initial perceptions, the original judgments that we make about something.

The music or songs that you liked in your teenage years are not necessarily still your favourites in your adult life. You got to know different musical genres, heard different styles; you listened, read and educated yourself. As a result, today you are pickier when choosing or appreciating a type of music. The same happens with your eating habits. The foods you loved and fought others for twenty or thirty years ago are not so unbeatable today. You have since tasted new types of food that before you may not have dared to try. You tried different recipes, recognised ingredients that you did not tolerate well before, drunk several beverages of many origins, types and processes. You explored refined flavours and pleasures, simple and exotic. You had access to literature about the subject, discovered, tasted, criticised, compared and evaluated. Then you

Só gostamos do que provamos

Uma grande mentira da história da humanidade é o famoso "gosto não se discute". Falso bordão, ele alimenta a ignorância, justifica os impasses, favorece a fuga na discussão, especialmente no campo das artes. Gosto se discute, sim. E muito. Porque gosto se constrói, se forma, se educa, evolui. Os elementos subjetivos do gosto, além de mínimos, numa avaliação, podem ser modificados, a todo momento, pelos elementos objetivos que estão nas características, nas virtudes e pecados do que está em foco, do que se julga. Ou seja: a observação, a evidência, a constatação, o conhecimento real de algo; as informações e referências sobre certo objeto; a manipulação, a convivência com certo produto, o seu uso e consumo alteram e aperfeiçoam as sensações primitivas, eminentemente orgânicas, somáticas, os juízos primários, originais, que temos de alguma coisa.

O gênero musical do qual você gostava, as suas músicas preferidas, das quais você não abria mão na adolescência, não são as mesmas da maturidade. Os pratos que você disputava há vinte, trinta anos, não são os "imbatíveis", os "insuperáveis" de hoje. Você ouviu, conheceu outros gêneros musicais, outras escolas, visitou estilos diversos, leu e se informou a respeito. Resultado: hoje você é mais exigente quando vai escolher ou aplaudir. O mesmo se dá com a alimentação: você provou comidas novas, que, antes, se negava a tocar, aventurou-se por receitas diferentes, reconheceu temperos que não tolerava, bebeu destilados vários, de várias origens, tipos e processos, viajou por sabores e prazeres refinados, simples e exóticos, teve acesso a literaturas, descobriu, sentiu, saboreou, criticou, cotejou, avaliou, julgou. Depois,

experimented with combinations. Your opinions and criteria became much more defined because your base of knowledge and experience became broader, richer and more diverse. The parameters multiplied, the senses were liberated, the dogmas and prejudice fell apart. Your views gained new context. And even if you carried on enjoying the same songs or the same dishes, your taste will have been influenced by the new acquired values and references.

Taste mutates. *Deo gratias!* It changes, taking us on to new pleasures. As a result of all mentioned above, taste can be developed, formed and improved. We educate our tastes and are educated by them. We can debate taste. And we are our tastes.

We only want or love what we know. To really enjoy the flavour it is necessary to know it well. Among the different connotations of the Portuguese verb "*saber*" (to know), apart from the first and most usual meaning of "to be acquainted with", "to be informed", "to have knowledge", other meanings of the verb are of exceptional interest. They are: "to have the flavour of", "to have the taste of", "to remind us of the flavour of", "to have a flavour", "to be wise", "to judge and consider".

It is not random that the Portuguese words *saber* and *sabor* have both the same Latin origin, *sapĕre*, and both have the same root, *sap*. The Latin verb means "to be wise", "to know", "to have knowledge". And it also means "to be *sápido*" (sapid, flavourful), "to have flavour or taste of", "to have good palate", "to have good taste of".

inventou combinações, harmonias. Rendeu-se a iguarias e a bebidas das quais jamais você imaginaria se aproximar. Os seus crivos, os seus critérios tornaram-se mais rigorosos, porque o seu repertório de conhecimentos e experiências ficou mais extenso e diversificado, mais rico. Os parâmetros se multiplicaram, os sentidos foram libertados, os "dogmas" e preconceitos ruíram. As leis relativizaram-se nas circunstâncias. E mesmo se você continua a gostar das mesmas músicas ou dos mesmos pratos, você certamente adquiriu novos valores e referências para consumi-los.

O gosto é mutante. *Deo gratias!* Transpõe e transmuta, nos transporta, a cada dia, para um novo prazer, um novo universo. Por isso tudo, gosto se desenvolve, se forma, se constrói, se aprimora. Nós educamos os nossos gostos e por eles somos educados. Gosto se discute. E nós somos os nossos gostos.

Só se deseja e se ama o que se conhece. Para bem saborear, é preciso saber bem. E entre as diversas acepções do verbo saber, além da primeira e mais usual que se traduz por *conhecer*, *ser* ou *estar informado*, *ter conhecimento*, outras nos interessam sobremaneira. São elas: *ter o sabor de*, *ter gosto de*, *lembrar o sabor de*, *ter sabor*, *ser sápido*, *julgar* e *considerar*.

Sintomaticamente, não é à toa que as palavras da língua portuguesa *saber* e *sabor*, ambas, têm a mesma origem, do latim *sapĕre* e possuem a mesma raiz, *sap*. O verbo latino traduz-se por *ser sábio*, *saber*, *conhecer*. E, também, significa *ser sápido*, *ter sabor ou gosto*, *ter bom paladar*, *ter gosto para*.

Tasting and the taster

The Portuguese word *gosto* comes from the Latin *gustus*, which means "taste", "palate", "flavour", "sample", "mouthful to taste", "sip". The word *degustar* comes from the Latin *degustare*, *gustu explorare*, a verb translated to Portuguese as "to taste", "to like tasting", "to touch gently". The word *degustação* comes from the noun *degustatio*, *degustationis* that, in Brazil's mother tongue, it means "taste of beverages". In Italian, another Latin language and the closest to Latin, *gusto* is translated as "preference", "inclination", "taste", "flavour", "pleasure".

Tasting constitutes the most powerful tool; the most legitimate and reliable way for you to get to know cachaça, to build wisdom and opinion about the beverage. To taste is not the same as to drink or to sip. They are different cultural acts. To taste is to try, to drink delicately and carefully with all senses at the ready – seeing, hearing, touching, smelling and tasting. Your senses must be clear and healthy, ready to perceive and register the organoleptic elements of cachaça; that is, those elements and characteristics that touch, that concern and impress the senses. Your eyes, ears, hands, nose and mouth – all the organs and sensory systems of your body – are the sensors that will detect elements, sensations and flavours. During the act of tasting, the five senses, to a greater or lesser extent, will register the characteristics of cachaça, and these impressions will be interpreted by the brain as pleasurable or not: as good or bad, or more specifically as heavenly, marvellous, delicious, enjoyable, comfortable, stimulating, provocative, insipid, appalling,

A degustação e o degustador

A palavra *gosto* vem do latim *gustus*, que significa *gosto, paladar, sabor, prova, bocado para provar, gole*. Derivadamente, *degustar* vem também do latim *degustare, gustu explorare*, verbo traduzido para o português como *provar, gostar provando, tocar de leve*. E degustação origina-se do substantivo *degustatio, degustationis* que, na língua mãe, quer dizer *prova de bebidas*. Já no italiano, outra língua latina e mais próxima do latim, *gusto* se traduz por *preferência, inclinação, sabor, prazer*.

A degustação constitui a mais poderosa ferramenta, o caminho mais legítimo e confiável para você conhecer a cachaça, construir sabedoria e crítica sobre a bebida. Degustar não é o mesmo que beber ou mesmo bebericar, que significa beber em pequenos goles. São atos culturais diversos. Degustar é provar, beber delicada e cuidadosamente, com todos os sentidos a postos – visão, audição, tato, olfato, paladar. É colocar os sentidos de plantão, prontos, limpos, saudáveis, para perceber e gravar os elementos organolépticos da cachaça, isto é, aqueles elementos e características que tocam, tangem e impressionam os sentidos. Os seus cinco sentidos, uns mais, outros menos, irão gravar, no ato da degustação, as características da cachaça, e remeter essas impressões ao cérebro, que as receberá como agradáveis ou não, prazerosas ou não, boas ou más, edênicas, maravilhosas, deliciosas, gozosas, confortáveis, estimulantes, instigantes, insípidas, rechaçáveis, horripilantes, nauseabundas, odientas, aversivas, repugnantes. Essas impressões o subsidiarão para você gostar ou não da bebida, para

horrible, nauseating, hateful, repulsive, repugnant. These impressions will give you a basis to like or not like the beverage – to form your taste. Later on, the values, concepts, categories and references of taste will be consolidated. The brain will collect and organise all these so that you can classify and qualify them; to enable you to make sensorial analyses, evaluations and perform comparisons that will undoubtedly lead to a judgment.

Apart from being associated with nutrition, treat and pleasure, eating and drinking are cultural acts experienced through social gatherings and exchanges; sharing and celebration. Tasting, despite being a lonely act, is also a cultural act, because, it implies a dialogue, an encounter of the taster with the cachaça, an art, a work of man. It is an encounter of his tastes, logic, knowledge and opinions with the cachaça.

If stable, this encounter can be transformed in a fertile and pleasurable friendship, a healthy passion or an ever-lasting marriage. That is why tasting is a ritual, more for its symbolic sense than for any magical, supernatural aspects than the rite can show. More for its application of principles, rules and criteria, with the objective of establishing procedures and customs, and less for what it can present or suggest of a metaphysical or sacred nature. It is a ritual without mystery, tricks or deceit.

If making cachaça and aging cachaça is art, wisdom and passion, the same can be said of drinking and tasting cachaça. We should drink for no other reason than the pursuit of pleasure. We should not drink because of unrequited or lost love; because of a cruel and perverse world; to blame the government or our boss, payslips or debts;

você formar o seu gosto. Reunidas, essas impressões serão organizadas no cérebro, ponderadas, para que você as classifique e as qualifique, faça uma análise sensorial, uma avaliação, promova cotejamentos que desembocarão, inexoravelmente, num julgamento.

Os seus olhos, os seus ouvidos, as suas mãos, o seu nariz e a sua boca, todos os órgãos, funções e sistemas sensitivos do seu organismo são os sensores que irão detectar elementos, sensações e sabores. As impressões constituirão, inicialmente, gostos e prazeres, suplícios e venenos. Mais tarde, se consolidarão em valores, conceitos, categorias e referências gustativas.

Comer e beber são atos culturais, com traços além da nutrição, do regalo, do prazer. Reunião, sociabilidade, troca, repartição, celebração. A degustação, mesmo sendo um ato solitário, antes de se converter numa sessão de degustação, numa reunião social, é, já, também, uma atitude cultural, porque, além dos seus códigos e dos seus símbolos, prenhes de valores e de significados, implica um diálogo, um encontro do degustador – seus gostos, sua lógica, seu saber e seus crivos – com a cachaça, uma arte, uma obra do homem. Esse encontro pode se transformar numa fértil e prazerosa amizade, num namoro estável, numa paixão sadia e duradoura e até num eterno casamento. Por isso a degustação é um ritual, mais pelo seu sentido simbólico do que pelo mágico ou sobrenatural que o rito possa exibir. Mais pela sua arquitetura de princípios, regras e critérios, com o objetivo de estabelecer procedimentos e costumes, e menos pelo que possa apresentar ou sugerir de metafísico ou sagrado. Trata-se de um ritual sem mistérios, truques ou dissimulações.

Se fazer cachaça e envelhecer cachaça são atos de sabedoria, arte, paixão, o mes-

because of an argument with a neighbour or the disappointment of a friend. Someone who drinks for any of the above reasons will only be soothed temporarily, but later on will suffer the consequences of hangover, distress and depression. Drink just for drinking's sake – the best recipe; whether alone or with someone else. Drink to celebrate life, to search for an encounter, tenderness or affection. We should always pursue moderation for the health of the body and spirit. But it cannot always be the rule, the untouchable dogma or the divine law. At times, we slip; we are weak, sensuous animals, convention-breakers, undisciplined gluttons and wanton wrongdoers.

In the act of drinking we look for contentment, satisfaction and pleasure. In tasting, we do not search only for a treat, an explosion of taste, but also, mainly, for knowledge. We taste to know more, to impress our senses, with attention and devotion. We savour and consider so that we can evaluate. We compare in order to judge and, finally, to express our thoughts and opinions. We taste to know about the beverage – to know in both of its meanings: "to have taste" and "to have knowledge". A good tasting session, well performed, reveals flavours and generates knowledge. It builds wisdom accumulatively. At each tasting session, you will add more sensations; you will be wiser, having more flavours in your repertoire of criticism, in your bank of references. You will experiment, retrieve, recognise and register flavours and will perfect and develop your senses even more.

Normally, in a tasting session more than one brand is tasted. However, a company or distillery can promote a tasting of just

mo se pode dizer de beber e degustar cachaça. Não se deve beber por nenhum motivo, senão o de buscar e ter prazer. Não se bebe por causa do amor impossível ou perdido, em razão do mundo cruel e perverso, por culpa do governo ou do patrão, do contracheque e da dívida, por conta do aborrecimento com o vizinho ou a decepção com quem você julgava amigo. Quem bebe por algum desses motivos somente encontrará o esquecimento ou a alegria fugidia e, em seguida, o mal-estar, a ressaca, a angústia, a depressão. Beber por beber – a melhor receita. Beber para celebrar e buscar a vida, o encontro, a ternura, o afeto. Só ou acompanhado. A moderação, nem sempre, pode ser a regra, o dogma inexpugnável, uma lei divina. Deve-se persegui-la sempre, para a saúde do corpo e do espírito. Mas, às vezes, escorrega-se, somos frágeis, animais sensuais e priápicos, glutões indisciplinados, pródigos nas transgressões.

No ato de beber procura-se o fastio, a satisfação, o prazer. Na degustação, busca-se, não apenas o regalo, o orgasmo gustativo, mas, precipuamente, o conhecimento. Provar para saber mais, sensibilizando os sentidos, com atenção e zelo. Saborear e considerar para avaliar, comparar para julgar. E, finalmente, enunciar. Degustamos para saber da bebida, saber nos dois sentidos: para ter *sabor* e para ter *saber*. Uma degustação bem-feita, bem percorrida, revela sabores e gera saberes. Constrói sabedoria cumulativa. A cada degustação você acumulará mais sensações, estará mais *sábio*, terá mais sabores no seu repertório crítico e no seu banco de referências, irá experimentar, recuperar e gravar sabores, aguçará e desenvolverá, cada vez mais, os seus sentidos.

Normalmente, numa sessão de degustação, mais de uma marca é degustada.

one product, one brand. In every tasting session, there will always be comparison, competition and emulation going on, even if not openly declared. A private tasting session, when there is just the taster and the bottle of cachaça in the room, also gives rise to contemplation, comparison between brands and judgment. If the taster directs a tasting session or in a collective tasting session of several brands with many tasters, inevitably, there will be the election of a winning brand, a session favourite or a classification of the cachaças after a judgment: brand X in first place, brand Y in second and brand Z in third. It is possible, however, not to have an announcement of rankings (new and aged), but only have comments and sensorial analysis of the brand or brands.

The taster of cachaça is not a taster (much less a drinker) of wine, beer, whiskey, vodka, gin, tequila, rum and so on. Or of cocktail shakes, Caipirinha or any other drink based on cachaça or that contains cachaça. Each beverage has its culture, history, psychology, language, characters and charms. The taster of cachaça, preferably a *pingófilo*, has a different socio-anthropological profile from other drinkers. In the case of a Brazilian, his or her relationship or dialogue with cachaça is similar to a Pole with vodka or a Cuban with rum. Because of that, I have been saying for many years that the taster of cachaça drinks with the heart and the memory. That is, involving two systems, two worlds, each with their own sets of values, knowledge, sensations and references in place during the act of tasting: the human; emotional; sentimental; and the history of the individual.

The taster must have, as a prerequisite, a connection to, or at least an attraction or curiosity for, the liquid to be tasted. A

Porém, uma empresa ou destilaria poderá promover a degustação de apenas um produto, uma marca. Haverá sempre, na degustação, mesmo que não declarada, um cotejar, um competir, uma emulação. Também a degustação solitária, apenas o degustador e uma cachaça numa sala, suscita considerar, comparar marcas degustadas anteriormente e julgar. Se o degustador for dirigir uma sessão de degustação ou se ocorrer uma degustação coletiva de várias marcas, com vários degustadores, inevitável será a eleição de uma marca vencedora ou preferida naquele evento ou uma classificação das cachaças após um julgamento: a marca X em primeiro lugar, a marca Y em segundo, a marca W em terceiro. Poderá, no entanto, não haver anúncio de *rankings* (novas e envelhecidas), e, apenas, comentários, análises sensoriais da marca ou marcas.

Degustador de cachaça não é degustador, muito menos bebedor, de vinho, cerveja, uísque, vodca, gim, tequila, rum etc. Ou de batidas, caipirinha ou de qualquer drinque ou coquetel à base de cachaça ou que contenha cachaça. Cada bebida tem o seu universo, a sua cultura, a sua história, os seus personagens, a sua psicologia, a sua linguagem, os seus encantos. E o degustador de cachaças, antes pingófilo, tem um perfil socioantropológico diferente dos outros bebedores. Em se tratando de um brasileiro, a sua relação, o seu diálogo com a cachaça é como o de um polonês com a vodca ou o de um cubano com o seu rum. Por isto, declaro, há muitos anos: o degustador de cachaça bebe com o coração e a memória. Isto é, dois sistemas, dois mundos, ambos com os seus valores, saberes, sensações e referências, se movem no ato de degustar: o humano, afetivo, sentimental; e a história do indivíduo, seus atos e fatos.

negative predisposition towards cachaça will not allow closeness to, or progress with, the beverage. The body and the spirit of the potential taster should not contain negative anxiety, conflict or a declaration of war against the drink. On the contrary, there should be an encounter, a sensorial, cordial, even affectionate conversation, between the person and the cachaça, a work of art to be discovered and interpreted.

Some new terms, such as "*cachacier*" and "*cachacière*", consultant and connoisseur of cachaça respectively, have been used by newcomers to the universe of cachaça. Another term being wrongly introduced is *sommelier*, a trained and knowledgeable wine professional. These words should not be used in my opinion. They are used by those wishing to elevate or glorify their positions. The terms are misguided adaptations from the vocabularies of other beverages, reflecting an inferiority complex to foreign cultures. Their use is unnecessary and inapplicable in relation to cachaça. These terms are being used by people without any culture or experience of the *pinga*, who do not know the difference between cachaça, aftershave and herbal tea. All that they do is to repeat famous brand names of cachaças with visibility in the media. These are the same people who use the expression "bouquet" of cachaça, a dispensable Gallicism, which is an alleged characteristic of other beverages but is non-existent in the Brazilian beverage, as we will explain. They adopt medium and large wine goblets and chalices, with straight or open rims, proper for the tasting of wine and other beverages, but utterly inappropriate for tasting cachaça.

É pré-requisito que exista uma empatia, no mínimo uma atração ou curiosidade de quem vai degustar em relação ao líquido a ser degustado. Um sentimento e uma postura de aversão à cachaça não permitirão nenhuma aproximação com a bebida. Não devem haver no corpo e no espírito do degustador em potencial uma ansiedade negativa, um conflito, uma guerra anunciada. Mas, ao contrário, deverão ocorrer um encontro, uma conversa sensorial, gustativa, cordial, afetiva até, entre a pessoa e a cachaça, uma obra-de-arte a ser descoberta e interpretada.

Um mimetismo burro e calhorda, típico de subdesenvolvido, de colonizado, puro 'macaquismo', tem se expressado em alguns setores do universo da cachaça, quando alguns garotos e adultos, em geral vindos do mundo do vinho, e algumas moçoilas, outras balzaquianas, sem ofício e sem ocupação, deslumbradas com a moda da bebida, se apresentam à imprensa, autodenominando-se "*cachacier*" e "*cachacière*", respectivamente, ou "consultores de cachaça", "entendidos em cachaça". Com a intenção de fazer uma analogia com o *sommelier*, conhecedor e provador de vinhos, são pessoas que não sabem a diferença entre uma cachaça, uma loção de barba e o elixir paregórico, sem nenhuma cultura ou vivência da bebida. São tontos repetidores de rótulos de pingas que estão na mídia. Estes são uns dos que falam em "*bouquet da cachaça*", galicismo dispensável, suposta característica de outras bebidas, inexistente no destilado brasileiro, conforme explicaremos adiante. E, também, adotam taças e cálices médios e grandes, de bordas retas ou abertas, próprios para o deguste do vinho e de outras bebidas. Uma estupidez.

Which cachaça to taste?

If you are not a professional like me – whose job it is (hired by companies) to taste terrible, medium and exceptional cachaças, liquids of all origins (from heaven, purgatory and hell), and who will taste as a *pingófilo* (lover of good *pinga*) – look for a non-industrial cachaça of superior quality, of sensorial excellence. Look for a cachaça recommended by someone who knows about the beverage, with experience in the universe of cachaça, with formed opinion, respected evaluation and judgment of brands. Why? Because there are very few brands that could be classified as having "superior quality" of excellence. There are hundreds of reasonable brands, with a medium level of quality – which you can drink. And there are thousands of bad quality ones.

You should not be influenced by the sheer size of the publicity drive, the level of marketing and media coverage of certain brands. Why? Firstly, because in the market, the economic power, the organization of producers and good commercial strategies may be able to make miracles – but they do not make superior quality and delicious cachaça. Secondly, because almost everything that has been published since the 1980s in the press, the Internet, and even in books about cachaça is, unfortunately, full of mistakes and misinformation – silly or misguided people copying other silly or misguided people. There is a trend to talk about cachaça; a wave which has put cachaça in the spotlight, and has given space and fame to ignorant, opinionated, people who think they know about cachaça, but really know nothing. There are fakers and plagiarists, repeating nonsense. I believe that some

A fase mais importante da produção: o mosto do caldo da cana-de-açúcar é preparado e fermentado por leveduras naturais, sem aditivos químicos, em dornas de aço inoxidável, em sala climatizada, com total assepsia e contínuo acompanhamento técnico.

The most important phase of production. In an acclimatised room, completely sterilised and continually monitored, the must of the sugar cane juice is prepared and fermented in stainless steel tanks by natural leavens, without the use of chemical additives.

Num processo artesanal honesto e primoroso, o mosto fermentado é destilado em alambique de cobre, aproveitando-se apenas o "coração" ou o meio do destilo, sua parte nobre, desprezados a "cabeça" e o "rabo" ou "cauda", partes tóxicas indesejáveis.

In an honest and well-executed non-industrial process, the fermented must is distilled in a copper alembic still, utilising only the "heart" or the middle of the distillation (the noble part) and discarding the "head" and the "tail" (the undesirable toxic parts).

Qual cachaça degustar?

Se você não é um profissional como eu, que, por dever de ofício – contratado por empresas –, degusta cachaças terríveis, medianas e excepcionais, líquidos de toda origem, do céu, do purgatório e do inferno, e vai degustar como pingófilo, amante da boa pinga, procure uma cachaça artesanal de qualidade superior, de excelência sensorial, recomendada por alguém que seja um conhecedor da bebida, com vivências e experiências no universo da cachaça e crítica exercida e respeitada na avaliação e julgamento de marcas. E por quê? Porque são muito poucas, pouquíssimas, as marcas que podem ser colocadas no patamar de "qualidade superior", de "excelência". Marcas razoáveis, com alguma qualidade, apenas medianas, do tipo que "dá *pra* beber", existem centenas. E péssimas, milhares.

Você não deve se impressionar com o volume ou a massificação de publicidade, marketing, matérias jornalísticas de certas marcas. E por quê? Primeiro, porque, no mercado, o poder econômico, a organização de fabricantes e boas estratégias comerciais fazem milagres. Mas não fazem cachaça de qualidade superior, deliciosa. E, também, porque quase tudo que se edita, desde a década de 1980, na mídia, na Internet e mesmo em livros sobre a cachaça, desgraçadamente, são bobagens, mosaicos de erros, mentiras, "informações" imprestáveis. Tolos plagiando tolos. A moda de se falar e escrever sobre cachaça, a onda da cachaça, tem dado holofotes, espaço e fama a ignorantes e néscios, a palpiteiros e "achólogos", a prestidigitadores e malabaristas, ficcionistas, uns copiando e repetindo bobagens dos outros. Acredito que a maioria desses animadores – ou de-

enthusiasts – or not – of cachaça have good intentions and are acting in good faith, with the honest intention of publicising cachaça, even though, sometimes, there may involve a little dose of commercial opportunism and self-promotion of brands that they are bound to or are selling.

Brazilians do not know about cachaça. Millions of people drink the cheapest alcohol, one they can afford, which is almost always terrible. Millions of Brazilians drink cocktail shakes or Caipirinha, also with bad cachaça, being just an alcohol mixed with some fruit juice and sugar. The minority that drinks reasonable good *pinga* is in small towns of rural and coastal areas, valleys and isolated places, distant from big cities and capitals. These small numbers of people that know cachaça are simple people, anonymous, that do not write to newspapers or publish books. They have an experienced and refined palate, despite not having read or studied the beverage. The foreigners who dare to write about the beverage – and incredibly, there are some – know even less than the majority of Brazilians. They drink Caipirinha with bad *pinga*, any alcohol with lemon or sugar. They go into a tasting trance and dare to dictate rules.

In May 2006, a prestigious and national magazine that for many years published rankings of cachaça, provided by people who only drink beer, whiskey and wine, asked me for the first time for a ranking of cachaça. I explained to the reporter that I would not be able to create just one ranking, but two rankings, because there are two categories of cachaça: new and aged. In 50 years of *pingofilia*, I believe that I have tasted around 1000 brands. I would only be able to list, of course, the brands that I know, that I had tasted

sanimadores? – da cachaça não têm má-fé, são bem-intencionados e pretendem, com sinceridade, divulgar a cachaça, mesmo que, muitas vezes, com uma "dose" mal ingerida de oportunismo comercial e promocional de si mesmos ou das marcas a que estão vendidos ou com elas comprometidos.

O brasileiro não conhece cachaça. Milhões de consumidores bebem um álcool mais barato, que eles podem comprar e, quase sempre, horrível. Milhões bebem batidas ou caipirinha, também, com cachaça ruim, bastando que seja um álcool misturável a algum suco de fruta e açúcar. Uma minoria que bebe pinga razoável e boa está nas cidades pequenas do interior e do litoral, nos vales e grotões, distantes das grandes cidades e das capitais. Esses poucos que conhecem cachaça são pessoas simples, anônimas, que não escrevem em jornais, nem publicam livros. Têm paladar experiente e apurado, mesmo não possuindo erudição livresca ou acadêmica sobre a bebida. Os estrangeiros que ousam escrever sobre a bebida – e, incrivelmente, existem – conhecem menos ainda que a maioria brasileira. Bebem caipirinha com pinga ruim, qualquer álcool com limão e açúcar, entram em transe gustativo e se atrevem a ditar regras.

Em maio de 2006, uma revista de prestígio e circulação nacional, que há muitos anos publica *rankings* de cachaça, fornecidos por gente que só bebe chope, uísque e vinho, me solicitou, pela primeira vez, um *ranking* justificado de cachaças. Expliquei à repórter que não poderia construir um *ranking* apenas, mas dois *rankings*, pois há duas categorias de cachaças: novas e envelhecidas. Em cinqüenta anos de pingofilia, eu creio que já degustei perto de mil marcas. Eu só poderia listar, é claro,

so far, and qualify the ones that, in my opinion, would be the best in the world. At the time I was only able to list as new cachaça of superior quality a half a dozen brands; and of aged cachaças, I managed to classify only one dozen brands. And that was all. The magazine published only the first five brands of each ranking.

Look for a cachaça with a label which has basic information about its production: brand; content (ml); alcohol level (%); registration of MAPA; the place where the cachaça is made (its origin); the producers; its graduation; and for the type of cachaça – new, aged or sweet – any other information required by law. If it is aged, the back label will normally specify the duration of resting time and in which wood/s it rested. Always give preference to glass bottles. Avoid plastic bottles or similar materials. The bottles with cork lids, today in the process of extinction, offer a better closing system. But if it is not possible, choose the ones with aluminium screw lid. Avoid the plastic lids and the bottles with measuring tips that make a tidal wave in the cachaça.

Do not take the risk of tasting *pinga* without a label, of "homemade or family production", which is not sold commercially – the so-called special, very pure – the one that your friend, brother-in-law or neighbour that has just arrived with from a trip and has given you as a present. Be very careful! You can poison yourself unless you know the producers, the product, how it is made, and about its verified chemical composition. This is because you are taking the risk of drinking the "poisons" of cachaça, which, at low levels, permitted by legislation, provide the cachaça with a delicious and distinctive flavour, but, in higher quantities, above

as marcas que conhecia, que degustara até então, e qualificar as que, naquele momento, na minha opinião crítica, seriam as melhores do mundo. Num balanço da realidade momentânea, só consegui listar como cachaças novas, de qualidade superior, meia dúzia de marcas; e das cachaças envelhecidas, logrei classificar apenas uma dezena de marcas. E só. A revista publicou apenas as cinco primeiras marcas de cada *ranking*.

Procure uma cachaça com rótulo, no qual constem as informações básicas sobre a sua produção: a marca; o conteúdo (ml); o grau alcoólico (%); o registro no MAPA; onde é feita a cachaça (a sua procedência); quem a fabrica; a sua graduação; se ela é "cachaça", "cachaça envelhecida" ou "cachaça adoçada" e outras inscrições exigidas pela lei. Se envelhecida, o contra-rótulo normalmente informará quanto tempo repousou e em qual madeira ou em quais madeiras. Prefira as garrafas de vidro, sempre. Nada de plástico ou outros materiais semelhantes. As garrafas com rolha de cortiça, hoje em extinção, vedam melhor. Mas se não for possível, as tampas de rosca de alumínio. Evite as tampas de plástico e as garrafas com conta-gotas doseadores que promovem um maremoto na cachaça.

Não se arrisque a degustar pinga sem rótulo, "de fabricação doméstica, familiar", não comercializada, aquela "especial", "puríssima", que o seu amigo, o seu cunhado ou o seu vizinho, que chegou de viagem, lhe presenteou. Cuidado! Você pode se envenenar. A não ser que você conheça o fabricante, conheça o produto, saiba como ele é feito e da sua composição química comprovada. Isto porque você se arrisca a ingerir os bem-aventurados "venenos" da cachaça, os quais, em níveis

the legal limits, are harmful to the human body and can cause serious damage to your health, even death. Who can guarantee that the producer of that *pinga* performed a physical-chemical analysis of the cachaça and that forbidden levels of these highly toxic, undesirable substances were not detected?

Cachaça is basically made up of ethanol and water. However, it is estimated to contain over 300 elements, generated from the time the sugar cane is cut and crushed up to the distillation, including the formation of must and its fermentation. Three groups of elements, necessary or undesirable – depending on the amount found in the product – identify and provide chemical and sensorial quality to the cachaça, or make it harmful, even lethal, to the human body. The first group is formed by the so-called "congeners of cachaça". The amount of congeners is the sum of the following elements: volatile acidity, aldehydes, total esters, superior and furfural alcohol plus hydroxymethylfurfural. This coefficient that identifies cachaça and *aguardente* of sugar cane cannot be less than 200mg per 100ml, and not more than 650mg per 100ml of anhydrous alcohol. If the total of congeners of the product is not in this range, it is not cachaça. Thus, the volatile acidity, esters, aldehydes, furfural, the sum of alcohols have their maximum limits in the composition of the coefficient of congeners of cachaça. The cachaça can also have additives and supporting elements used in its production, regulated by law, such as the sugar of sweet cachaça and the caramel of aged cachaça. Finally, the cachaça can contain organic and inorganic contaminating elements, all with their limits, established by law. In

mínimos, previstos na legislação, lhe dão aroma e sabor deliciosos e peculiares, mas que, em quantidades maiores, fora dos padrões de regulação, são prejudiciais ao organismo humano, podem causar sérios danos à sua saúde e até levar o bebedor à morte. Quem lhe garante que o fabricante daquela pinga sem rótulo, sem procedência, clandestina, de fabricação e venda ilegais, não fiscalizadas, já fez a análise físico-química daquela cachaça e não foram detectados índices proibidos, nocivos, letais, desses elementos e substâncias indesejáveis, altamente tóxicos?

A cachaça é composta basicamente de etanol e água. Porém, estima-se que mais de 300 elementos, gerados desde o corte e a moagem da cana, até a destilação, passando pela formação do mosto e pela fermentação, nela estejam presentes. Três grupos de elementos, necessários ou indesejáveis – dependendo dos coeficientes encontrados no produto –, identificam e dão qualidade química e sensorial à cachaça, ou a tornam prejudicial e até letal ao organismo humano. O primeiro grupo é formado pelos chamados "congêneres da cachaça". O coeficiente dos congêneres é a soma dos seguintes elementos: acidez volátil, aldeídos, ésteres totais, alcoóis superiores e furfural mais o hidroximatilfurfural. Este coeficiente, que identifica a cachaça e a aguardente de cana-de-açúcar, não pode ser inferior a 200mg por 100ml, nem superior a 650mg por 100ml de álcool anidro. Se a totalidade dos congêneres do produto não estiver nessa faixa, não é cachaça. Assim, a acidez volátil, os ésteres, os aldeídos, o furfural, a soma dos alcoóis, têm seus limites máximos na composição do coeficiente de congêneres da cachaça. A cachaça pode possuir, ainda, os seus aditivos e coadjuvantes de fabricação, re-

the first category are methanol and ethyl carbamate; in the second are copper, lead and arsenic (Normative Instruction n° 13/2005 of MAPA).

In this way, the unlabelled cachaça that naively you may taste – apart from having levels of alcohol outside of the permitted range – can also contain substances above the levels allowed by legislation and could seriously affect your health. Look out for the acidity, the superior alcohols, aldehydes (furfural), esters, ethyl acetate and carbamate, methanol, copper, iron, lead, acids and ketones, phenols and amino acids. The alembic distiller that makes the "family *pinga*", that "does not make cachaça to sell", could be a serious person with good intentions, be following a reliable non-industrial production manual, but, for some reason, may not have arranged a physical-chemical analysis of the product in an official or authorised laboratory; may not have the essential tools available in the sugar cane mill to measure the alcohol level, acidity, level of copper and so on, or may not be very zealous in their hygiene through all phases of the production. This can result in a toxic beverage, of fragile chemical structure and poor quality, without sensorial virtues.

Do not be influenced by very expensive cachaças advertised in the media and on the Internet. The price, absolutely, does not reflect the excellence of the brand. Normally, the exorbitant price is a strategy of incompetent producers and dishonest traders intending to add value to a mediocre or inferior product, deceiving naive or uninformed customers. Do not be deceived, either, by luxury packaging. Another way to persuade and attract the consumer is for the producers to market the products as "limited editions", which

gulados em lei, como o açúcar da cachaça adoçada e o caramelo da cachaça envelhecida. E, finalmente, os seus contaminantes orgânicos e inorgânicos, todos com seus limites estabelecidos em lei. Na primeira categoria estão o metanol e o carbamato de etila; na segunda, o cobre, o chumbo e o arsênio (Instrução Normativa nº 13/2005 do MAPA).

Assim, além do teor alcoólico fora dos padrões, a cachaça sem rótulo, que ingenuamente você vai degustar, pode conter substâncias acima dos níveis permitidos pela legislação e afetar seriamente a sua saúde. Atente para a acidez, os alcoóis superiores, os aldeídos (furfural), ésteres, acetato e carbamato de etila, metanol, cobre, ferro, chumbo, ácidos, cetonas, fenóis e aminoácidos. O alambiqueiro que faz "a pinga da família", que "não faz cachaça *pra* vender", pode ser uma pessoa séria, bem-intencionada, seguir um manual de fabricação artesanal confiável, mas, por acomodação, pode nunca ter providenciado uma análise físico-química do seu produto num laboratório oficial ou credenciado; não dispor de instrumentos essenciais no seu engenho para medir teor alcoólico, acidez, nível de cobre etc. da sua pinga; ou não ser muito zeloso na higiene em todas as fases da fabricação. Disto pode resultar uma bebida tóxica, de frágil estrutura química, de pouca qualidade, sem virtudes sensoriais (vamos falar dos "benditos venenos da cachaça" adiante).

Não se impressione com cachaças de altos preços, caríssimas, anunciadas pela mídia e pela Internet. Isto não reflete, absolutamente, a excelência da marca. Geralmente, o preço exorbitante tem sido uma estratégia de fabricantes incompetentes e comerciantes desonestos, com o objetivo de valorizar um produto medíocre ou ruim,

trick the media into creating myths around brands and overrating cachaças of no value. The very rare *pingas* of excellence do not cost the earth and do not come in fancy packaging, as I will explain later on.

Also, do not let yourself be seduced by the so-called "head cachaça" or "head", the result of the first part of the distillation, which sometimes has a strong and attractive smell. Nor by the "weak water", "tail" or "*caxixi*", the cachaça from the last part of the distillation. The first has an alcohol level above 60% and the second has low alcohol levels. Both parts are toxic and unfit for human consumption and are discarded in an honest non-industrial production of quality *pinga*. In contrast, we have a "running *pinga*", which seduces the greedy and those who want to profit by any means. People from the northeast of Brazil, by a secular tradition, appreciate the "head cachaça", not knowing how harmful this preference can be to the human body, especially the liver, stomach and nervous system. Others, considering cachaça as a very strong beverage, prefer the "weak water", not knowing about its toxicity. I heard that many non-industrial producers from the state of Minas Gerais have the terrible habit of adding *caxixi* to the heart of the distillate – the noble and usable part – in order to lower the alcohol level of the cachaça. This does not sound very good to me. The correction of alcohol levels should be made, as far as I know, with the addition of distilled, demineralised water or rain water from a non-polluted region. After the dilution of water in the cachaça, the balancing of alcohol levels must be achieved with the use of proper equipment.

enganando os incautos e ingênuos. Não se iluda, também, com embalagens luxuosas. Este é outro instrumento para persuadir e atrair o consumidor, assim como as produções divulgadas como mínimas e secretas, sobre as quais a mídia é ludibriada, mitificando marcas e supervalorizando cachaças sem nenhum valor. As raríssimas pingas de excelência não têm preço de ouro, nem necessariamente embalagens sofisticadas, como explicarei, daqui a pouco, quando disser o que é uma cachaça de excelência, de qualidade superior.

Também não se deixe seduzir pela chamada "cachaça de cabeça" ou "cabeça", resultado do início do destilo, muitas vezes de odor forte e atraente. Nem pela "água fraca", "rabo", "cauda" ou "caxixi", a cachaça do final do processo de destilação. A primeira tem graduação alcoólica acima dos 60% e a segunda, baixo teor alcoólico. Ambas as partes são tóxicas, impróprias ao consumo humano, desprezadas na fabricação artesanal honesta de uma pinga de qualidade. Ao contrário, temos a "pinga corrida", que seduz os gananciosos e os que querem lucrar de qualquer jeito. Os nordestinos, por uma tradição secular, são apreciadores de uma "cachaça de cabeça", sem saber dos males ao organismo, especialmente ao fígado, estômago e sistema nervoso, que essa preferência acarreta. Outros, considerando cachaça "uma bebida muito forte", apelam para a "água fraca", ignorantes da sua toxidade. Soube que alguns produtores artesanais de Minas Gerais têm a nefasta prática de misturar o "caxixi" ao "coração" do destilo, parte nobre aproveitável, para baixar a graduação da cachaça, o que não me parece bom. A retificação do teor alcoólico deveria ser feita, pelo que sei, com a adição de água destilada, desmineralizada

Tasting - step by step

For a tasting session which is complete, happy, healthy and effective, it is not enough to simply have a taster and a cachaça to be tasted. Apart from the "state of grace" of the taster and of a cachaça good enough to be tasted, some geographical and environmental conditions are essential. One may ask how the senses of touch and hearing act in a tasting session. This is what we will see next:

The environment, the place where you will taste – After choosing a cachaça to taste, you should choose a proper place: quiet, clean, pleasant, with natural air and temperature, that is, no fans or air conditioning. It could be a house, flat, office, bar, pub, restaurant, hotel, snack-bar, tavern, general store, warehouse, ranch, veranda, balcony, kiosk or outside in the open air – it does not matter. The most important thing is for it to be tranquil, pleasant; a safe, comfortable place with little noise or disturbance and without strong smells in the air. It is impossible to have a good tasting session near heavy traffic, in an environment full of noise or smells. You can taste standing up or in a sitting position. I prefer standing up, without bending the abdomen, with appropriate clothes for the weather, immersed in the sensual exercise of tasting. The ideal place for tasting would be a cachaçaria (cachaça bar). But, unfortunately, I do not know any true *cachaçaria*. There are shops, bars and restaurants that sell cachaça.

The glass – This is the last vessel the *pinga* will be in before being consumed. The choice of glass is an essential step for a productive tasting session. The glass must be tiny, made out of glass and a maximum of 6cm in height: little glasses or small chalices with or without base, with closing rims in order to hold the aroma and retain the flavour. If you do not have an ideal receptacle like this, it is no sin to drink in a miniature cup or glass, or a liquor chalice. If you are in a sugar cane mill or on a farm, use the *cuia*, *cuité* or the *argau* (bottle gourds and tester). Reject the wine glass or taller chalices, they are inadequate. They are used by those who are trying to imitate the oenologists (specialists in wine making), *sommeliers* or cognac

ou água de chuva em região sem poluição, como os litorais e interiores que ainda estão limpos no País. Diluída a água na cachaça, a uniformização deve ser alcançada com o uso de equipamento adequado.

A degustação passo a passo

Para uma degustação plena, feliz, saudável e eficaz, não bastam o degustador e a cachaça a ser degustada. Além do "estado de graça" do degustador e de uma cachaça digna de prova, algumas condições "geográficas" e "ambientais" são indispensáveis. Alguém perguntará como os sentidos do tato e da audição atuarão numa degustação. É o que veremos adiante:

O ambiente, o lugar onde você irá degustar – Após a escolha da cachaça a degustar, você deve procurar um lugar calmo, limpo, agradável, com atmosfera e temperatura natural, sem ventiladores, sem ar-condicionado. Pode ser casa, apartamento, escritório, bar, botequim, restaurante, hotel, lanchonete, bodega, venda, birosca, galpão, paiol, rancho, varanda, alpendre, quiosque, ao ar livre – não importa. O importante é que seja um lugar tranqüilo, agradável. Um lugar sem muito barulho, sem cheiros fortes no ar, sem agitação, confortável, sem perigo. Impossível uma boa degustação num engarrafamento, num ambiente repleto de ruídos ou malcheiroso. Você poderá degustar em pé ou sentado. Eu prefiro estar em pé, sem dobrar o abdômen, com roupas adequadas ao clima, entregue ao sensual exercício da degustação. O ambiente de uma cachaçaria seria ideal para uma degustação. Mas, infelizmente, não conheço uma cachaçaria de verdade. Existem, sim, lojas, bares e restaurantes que vendem cachaças.

O copo – Este é o último "útero" da pinga, antes de inundar o corpo do degustador. A escolha do copo é um passo fundamental para uma degustação produtiva. Ele deve ser mínimo. De vidro, deve ter, no máximo, seis centímetros de altura: copinhos ou pequenos cálices, com pé ou sem pé, com bordas que se fecham, a fim de aprisionar o aroma, reter o sabor. Se você não dispuser de um recipiente ideal como este, não será

tasters, professionals from other worlds, from whom the cachaça taster has nothing to imitate or learn. Or glasses similar to laboratory test tubes or pipettes. The quantity of the measure to be served should be between one third to a half of the small chalice, which should be clean, dry and without residues or smells. The height of the ideal measure should be equivalent to the width of the index finger of the taster. Remember that to taste is not the same as to drink. The measure to be used by a taster is less than that of the aperitif that precedes a meal or that which accompanies a chat. Therefore, less than a shot, a "hammer", or "little hammer", as the measure of cachaça used to be called in the nineteenth century.

Mind, body and mouth – You should not taste cachaça in a bad mood, upset, depressed, disappointed with life, humanity, the world, angry with God or any other excuse people give for why they drink. It is recommended that you are psychologically well, at peace with yourself, with a serene soul, without anger or rage and with an open spirit to receive the cachaça. If you are angry, delirious or out of your mind, you will not be able to evaluate anything. Your body should also be in good shape. Your liver, stomach, intestine and kidneys should be working regularly with no recent lesions or aggravation. The whole mind and body should be ready to taste the cachaça. You can have eaten something before tasting, "lining the stomach", as we say. Or not. In this case, after a tasting session, you should have *bota-gostos* (appetizers), nibbles or dishes that harmonise with cachaça (see page 138). Comfortable clothes suitable for the climate and environment will leave the taster freer to enjoy and judge. The mouth should be clean, fresh and virgin – that is, not marked by any other food or drink and cleaned with plenty of water, dental floss, brushing and tongue cleansing. Avoid strong deodorant and perfumes which can compromise your perception of smell. This sanitation of body and of spirit is what I call the "state of grace".

The hands – In anthropology, the ability of the hands – mainly in the function of holding food – qualified the *Homo habilis*, the precursor of *Homo sapiens*. It is true that the sense of touch is not just with the hands, but it is in this capacity and in the impressions made by the hands – while touching, feeling, holding, releasing and carrying objects and elements – that, one could argue, is where the most significant function and power of touch is concentrated and this is of great and symbolic

pecado beber numa miniatura de caneca ou de copo americano, aquele típico de botequim, ou num cálice de licor. Se você estiver num engenho de cachaça ou numa fazenda, use a cuia, cuité ou o argau. Rejeite taças ou cálices com altura maior, inadequada, de quem quer imitar enólogos, *sommeliers* ou degustadores de conhaque, profissionais de outros mundos, distantes, com os quais nada um degustador de cachaça tem a imitar ou a aprender. Ou copos semelhantes a provetas ou pipetas de laboratórios. A dose servida terá a quantidade de um terço à metade do pequeno cálice, que estará limpo, seco, sem resíduos ou cheiros. A dose ideal tem a altura equivalente à largura do dedo indicador da mão do degustador. Lembre-se de que degustar não é o mesmo que beber. A dose do degustador é menor do que a dose aperitiva que precede a refeição ou aquela que acompanha o papo. Portanto, menor que o trago, a lapada, o martelo ou o martelinho, como era chamada a dose de cachaça no século XIX.

A mente, o corpo e a boca – Você não irá degustar transtornado, mal-humorado, deprimido, extremamente aborrecido com a vida, com a humanidade, com o mundo. De mal com Deus. É bom que você esteja psicologicamente bem, em paz consigo, com a alma serena, sem ódio ou raiva, o espírito aberto e desarmado para receber a cachaça. Zangado, em delírio ou possesso, você não conseguirá avaliar nada. O seu corpo deverá, também, estar bem-disposto. Fígado, estômago, intestino e rins funcionando regularmente, sem lesões ou agressões recentes. Uma sede de todo o organismo desejará a cachaça. Você pode ter se alimentado um pouco antes, "forrado o estômago", como se diz popularmente. Ou não. Neste caso, após a degustação, vamos aos bota-gostos, aos petiscos ou pratos que se harmonizam com a cachaça (ver pág. 139). Uma roupa confortável, adequada ao clima e ao ambiente, deixará o degustador mais livre, sem amarras ou peias, para saborear e julgar. A boca deve estar limpa, fresca e virgem. Isto é, não marcada por alimentos e bebidas ingeridas e resultante de uma limpeza bucal com muita água, uso de fio dental, escovação e higienizador de língua. Evite desodorante e perfume fortes. Pode comprometer a sua percepção olfativa. Esta sanidade do corpo e do espírito é o que chamo de "estado de graça". Não confundir com a sobriedade definida pelo humorista como aquela de quem está "duas doses acima do normal".

As mãos – Para a Antropologia, a habilidade das mãos, principalmente na sua função de apreender os

importance for the history and culture of mankind. With your hands, you will touch the furniture or place where the cachaça stands, recognise the environment, hold the bottle and feel it. You will also hold the little glass or small chalice. You will pick up the bottle and handle the chalice, as though you were holding the waist or shoulder of your dance partner, about to start a "tasting" dance. Touch is a sense that may trigger the other four senses, because you will explore and compare mentally with the eyes, nose, ears and tongue, everything that is around you, with the intention of tasting that cachaça. When you hold the bottle with your hands, when you handle the chalice, you already begin to anticipate the sensuality of the cachaça in your mouth. Before tasting, your hands will support the bottle, in which you will check the label and back label to examine the content. Your hands must be clean, free from strong smells of perfumes and soaps, to hold the small chalice. Perfumed hands will affect olfactory perception of the cachaça.

The eyes – We also eat and drink with our eyes. The colour of food and drink is important and can trigger desire, indifference or rejection. Windows of the heart; mirrors of the soul – in a tasting session the eyes are physical sensors, supporting the nose and palate. With your eyes wide open, you will read, from the label and back label, the properties, characteristics and information of the spirit to be tasted. In a simple turn of the bottle, you will see the "collar", or "rosary" that remains in the non-industrial cachaça. Against the light, you will test the appearance and colour of the cachaça, in the bottle and chalice. You will observe its purity and its chromatic and viscosity consistency. This last one is a characteristic of non-industrial cachaça, visible when you incline the chalice or small glass. They are the so-called "tears" that roll down on the wall of the chalice or little glass when they are slightly tilted. "Rosary" and "tear" are not conclusive and exact signs of a cachaça of excellence. They are only characteristics of non-industrial cachaça. And that is all. A "rosary" of small beads suggests a *pinga* with high level of alcohol. The bigger the beads, the weaker the *pinga*. It is said that some unlawful producers add chemical substances to stimulate the "collar" and cheat uninformed consumers, mainly tourists. Elevate the bottle and put it against the light. Cachaça, if new, white – it can be cachaça aged in neutral wood and still be white – is colourless. Observe its transparency. It should be clear. If it is aged cachaça, check its uniformity; look for imperfections,

alimentos, qualificou o *Homo habilis*, antecessor do *Homo sapiens*. É certo que o sentido do tato não se esgota nas mãos, mas nessa habilidade e nas impressões das mãos – ao tocar, tatear, sustentar, largar e conduzir objetos e elementos – residem a sua primacial função e poder, segundo alguns, de grande e simbólica importância para a história do homem e da cultura. Com as mãos, você irá tatear o mobiliário onde esteja, tanger o ambiente, ter a garrafa, senti-la. Também, pegará o copinho ou o pequeno cálice. Pegar a garrafa, acolher o pequeno cálice, é o mesmo que envolver a cintura da dama ou o ombro do cavalheiro para o início da dança gustativa. O tato é um sentido que estará nos outros quatro sentidos, pois você irá percorrer e perfilar, mentalmente, com os olhos, o nariz, os ouvidos e a língua, tudo que estará ao seu redor, no desejo de degustar aquela cachaça. Ao tomar a garrafa nas mãos, ao envolver o cálice, a sensualidade da cachaça na sua boca estará prenunciada. Antes, suas mãos sustentarão a garrafa, na qual você irá conferir rótulo e contra-rótulo, e examinará o conteúdo. Elas devem estar limpas, sem odores fortes de perfumes e de sabonetes, para sustentar o pequeno cálice. A mão perfumada afetará a percepção olfativa da cachaça.

Os olhos – Nós comemos e bebemos também com os olhos. A cor dos alimentos e bebidas é importante e pode desencadear desejo, indiferença ou rejeição. Janelas do coração, espelhos da alma, na degustação os olhos são sensores físicos, coadjuvantes do olfato e do paladar. De olhos bem abertos, você irá ler no rótulo e contra-rótulo as propriedades, características e informações do líquido a degustar. Num simples meneio da garrafa, você verá o "colar", o "rosário" que permanece na cachaça artesanal. E, contra a luz, atestará a aparência e a cor da cachaça. Na garrafa e no cálice. Observará a sua limpidez, uniformidade cromática e viscosidade. Esta última, uma característica da cachaça artesanal, ao inclinar o cálice ou o copinho. São as chamadas *lágrimas* que escorrem na parede do cálice ou do copinho ao ser levemente inclinado. Rosário e lágrima não são sinais determinantes e cabais de uma cachaça de excelência. Apenas características de uma cachaça artesanal. Só isto. Um rosário de contas pequenas denuncia uma pinga com mais álcool. As contas maiores, pinga mais fraca. Fala-se que produtores criminosos adicionam substâncias químicas para provocar o colar e enganar os desinformados, principalmente turistas. Eleve a garrafa e a coloque contra a luz. A cachaça, se

clouds or marks. Look at the collar at the surface of the liquid while swirling the bottle quickly and gently.

The nose – The reception room of the palate. The sense of smell is much more complex than the sense of taste. Smell receptors are located in the uppermost part of the nose and can differentiate many variations, many subtleties. If the nose rejects or does not wish to smell, it is a bad sign. The nose can disapprove a cachaça before you drink it. Bring the chalice close to your nostrils and breathe in naturally. High levels of acidity will hurt the nose and cause burning sensations in the eyes. A cachaça of excellence has a pleasant, rustic and seductive aroma. It makes you feel like you are there in the sugar cane mill. Or in a storage room full of *rapaduras*. If it is new cachaça, the aroma of sugar cane, sugar cane bagasse (brandy) or sugar cane bagasse trampled by a donkey will flow. The perfume of cachaça is the one of sugar cane, only sugar cane, exclusively sugar cane. The olfactory memory of the taster will refer to molasses, *rapadura*, *batida* (a type of *rapadura* from the North East that melts in the mouth). Your memory and imagination will be able to "travel", wander, and anchor at other similar and close aromas, within the universe of sugar cane. This will happen more as testimonies, personal and intimate memories, based on your "life history", than objective evidence. In this way, you will be able to talk about aromas and, later on, about flavours of sugar, sugar cane juice, sweets and cakes from the mill (e.g. *alfenim*, *manuê de bacia*), breezes, paths, earth, bushes, rivers and so on. All of these digressions are similar to those of the oenologist and *sommeliers*, excessive sophistication of wine tasters. Nothing is actually real. White or new cachaça does not have smell of wood, cereal, seeds, herbs, fruits, leaves, personal objects, clothes in the wardrobe, old books or cupboards. New, white cachaça only has one smell and one taste: of sugar cane. If it is aged, apart from sugar cane, you can detect two or three traces of the wood that seasoned the cachaça; and nothing more. You can use your memory and imagination and start to remember those old friendly aromas, close to the *pinga*, mentioned above. Cachaça does not have "bouquet", a French expression pretentiously copied from wine appreciation. Wine is another beverage, fermented, in constant physical, chemical and enzymatic mutation, in the wood and in the bottle. A "bouquet" is a bunch of flowers, of many perfumes. It cannot be used for cachaça. Apart from the

nova, branca (pode ser envelhecida em madeira neutra e continuar branca), é incolor. Observe a sua transparência. Ela é límpida. Se envelhecida, constate a sua uniformidade, sem jaças, nuvens ou manchas. Veja o colar na superfície do líquido quando sacudir leve e ligeiramente a garrafa.

O nariz – Ante-sala do paladar. O sentido do olfato é muito mais complexo que o sentido do gosto. Os receptores olfativos estão localizados na parte superior do nariz e distinguem muitas variações, muitas sutilezas. Se o nariz rejeita ou não deseja, mau sinal. O nariz pode reprovar uma cachaça antes que você a beba. Aproxime as narinas do cálice e inspire naturalmente. A acidez demasiada fere o nariz e provoca ardências nos olhos. A cachaça de excelência tem aroma agradável, rústico, sedutor. Parece que você está dentro de um engenho de cana. Ou num quarto, num depósito de rapaduras. Se cachaça nova, fluirá o aroma de cana, de bagaço de cana, do bagaço da cana pisado pelo burro. O perfume da cachaça é de cana, somente cana. Exclusivamente cana-de-açúcar. A memória olfativa do degustador irá remetê-lo ao melado, à rapadura, à *batida* (um tipo de rapadura do Nordeste que desmancha na boca). A sua memória e imaginação poderão "viajar", passear, ancorar em outros aromas vizinhos, próximos, dentro do universo da cana, mas serão mais testemunhos, lembranças pessoais, íntimas, baseadas na sua "história de vida", do que evidências objetivas. Assim, você poderá falar em aromas e, depois, em gostos de: açúcar, caldo de cana, doces e bolos de engenho (alfenim, manuê de bacia etc.), brisa, caminhos, terra, mata, rios etc. Tudo isto são digressões semelhantes às dos enólogos e *sommeliers*, preciosismos dos degustadores de vinhos. Nada de fundamental, real. Não existe na cachaça nova, branca, cheiro de madeira, cereal, sementes, ervas, frutas, folhas, objetos de estimação, roupa guardada, livro ou armário velho. A cachaça nova, branca, é uma bebida monoodorífica, só tem um cheiro: de cana. Se envelhecida, além do cheiro da cana, aroma primário, fundamental, que deve predominar, você distinguirá um, dois ou três traços da madeira que temperou a cachaça. E nada mais. Poderá, sim, apelar para a memória e a imaginação e passar a lembrar aqueles aromas amigos, vicinais à pinga, que citamos acima. Cachaça não tem *bouquet*, galicismo, pernosticismo, 'macaquismo'. Vinho é outra bebida, fermentada, em constante mutação física, química e enzimática, na madeira e na garrafa. Buquê é a reunião de várias flores, de vários

primary sugar cane perfume, with aged cachaça we can recognise the seasoning – another one, two or even three aromas. The most important thing is to avoid the sting of a cachaça that will make you sick – reject the bad, unpleasant smell of dirtiness that causes nausea. The worse defect of a cachaça is to stink. This makes the beverage undrinkable. The bad smell and other defects of cachaça, such as the high levels of acidity and bitterness, which can cause hangover, discomfort, heartburn, motion sickness, headache, depression, and so on, are the result of the degradation, deviation and excess of some secondary components of cachaça, volatile substances or not. Harmful to the human body, they can cause serious diseases, and even death, if its consumption is continuous and intense. Among these components are: ethyl acetate and other esters; the furfural, among other aldehydes; superior alcohols and its excess, the fusel oil. The high level of acidity, generated by acetic acid, before being perceived by the palate, is detected by the nose. I believe that one of the villains, responsible for the defects of cachaça, for its pathologic toxicity – apart from the artificial chemical interventions, the utilization of the toxic parts of the distillate (the head and the tail), and the use of an inappropriate receptacle – is the lack of hygiene in the use of equipment and facilities, in all phases of the production, which can contaminate everything. The high levels of copper, above the limits accepted by legislation, also contribute to the unpleasant smells of the cachaça. Methanol and ethyl carbamate, other highly toxic and lethal components found sometimes in a cachaça, can be avoided if the fermentation and distillation is well-conducted. Avoid also the cachaças with strong and predominant smells of wood. The wood is a seasoning to bring out flavour or gently modify the cachaça. It should not be an aggressive solvent, a destructive chemical agent, capable of completely transforming the beverage. The wood should act as coriander and bay leaves act in a seafood dish. You will not eat the coriander and bay leaves. You will eat the fish seasoned with these ingredients. The seasoning cannot be stronger than the flavour of the food. The wood should enhance the beverage, adding more flavour, and accentuating the characteristics and virtues of true cachaça, the new, white and fresh cachaça, providing more pleasure. That is why woods which can be described as neutral, or almost neutral, such as *amendoim* (peanut) and *jequitibá-rosa* are so

perfumes. Não é o caso da cachaça. Na cachaça envelhecida, podemos perceber, sim, um tempero, mais um, dois, até três aromas, além do perfume da cana, que é primacial, seminal. O mais importante: para fugir do "mico" de uma cachaça 'vomitativa', recuse a inhaca, o ranço da cachaça, um cheiro desagradável, de sujeira, que provoca náuseas. O pior defeito de uma cachaça é ter inhaca. Ela torna a bebida imbebível. A inhaca e outros defeitos da cachaça, como a acidez excessiva, o amargor, as substâncias que provocam aversão do organismo, a ressaca afinal (mal-estar, azia, enjôo, dor de cabeça, depressão etc.), resultam da degradação, desvios e excessos de alguns componentes secundários da cachaça, substâncias voláteis ou não. Nocivos ao organismo, causam doenças graves e podem levar à morte, se o seu consumo for contínuo e intenso. Entre eles, estão: o acetato de etila e outros ésteres; o furfural, entre outros aldeídos; os alcoóis superiores e o seu excesso, o óleo fusel. A acidez excessiva, devida ao ácido acético, antes de ser percebida no paladar, é anunciada no olfato. Acredito que um dos vilões responsáveis pelos defeitos da cachaça, pela sua toxidade patológica – afora as intervenções químicas artificiais, o aproveitamento das partes tóxicas do destilo, a cabeça e o rabo, e o uso de recipiente inadequado –, seja a falta de higiene dos equipamentos e instalações, em todas as fases da produção, que tudo contamina. O pouco zelo com a higiene. O cobre, acima dos níveis aceitáveis pela legislação, também contribui para os odores desagradáveis da cachaça. O metanol e o carbamato de etila são outros componentes altamente tóxicos e letais, que podem estar ausentes da cachaça com uma fermentação e destilação bem conduzidas. Rechace, também, as cachaças com cheiros fortes e predominantes de madeira. A madeira é um tempero a se insinuar, a modificar, branda e delicadamente, a cachaça. Não deve ser um solvente agressivo, um agente químico devorador, capaz de descaracterizar completamente a bebida. A madeira deve atuar como o coentro e o louro atuam numa peixada. Você não vai comer coentro e louro. Você vai comer um peixe, temperado com esses ingredientes. O tempero não pode subordinar o sabor do alimento. A madeira vai valorizar, enobrecer ainda mais a bebida, ensejar, provocar mais sabor, acentuar as características e virtudes da verdadeira cachaça, a cachaça nova, branca e fresca, proporcionando mais prazer. Daí a nobreza das madeiras quase neutras, como o amendoim e o jequitibá rosa. Ou mesmo do carvalho e de outras madeiras

noble for aging cachaça. Or even the *carvalho* (oak) and other aggressive woods, such as *bálsamo* (balsam) and *louro-canela* (cinnamon laurel), which, if cured, well treated and used wisely and honestly, can produce excellent aged cachaças.

Sip and taste – *Degustare*, as we already said, translated from Latin, literally means "gentle touch", "explore the taste", "trying and liking". It is also curious to note that the Latin word *gustus* has relevant definitions which relate to some Portuguese words: *gosto* (taste), *gole* (swig), *prova* (try out), *bocado para provar* (a bit to taste), and *sabor* (flavour). In cachaça tasting, the amount you take into the mouth is small; just a sip, naive, almost childish and natural. Allow the cachaça to flood the mouth, bathe the tongue and the floor of the mouth, salivary glands and ducts, close to the cheeks, under the tongue and lower jaw. It will touch the taste buds on the surface of the tongue. The sense of taste is simpler than the sense of smell: we perceive only sweetness, on the tip of the tongue; saltiness, on the middle of the tongue; acidity, on the edges; and bitterness and astringency, at the back of the tongue. However, it is the only sense that can, individually and authoritatively, approve or reject a cachaça. The tactile sensibility is on the surface of the tongue, right in the centre. There, the "palate" will "touch" the cachaça, to measure its consistency, thin, thick, dense or milky. Try the following taste exercise, to allow you to perceive even more. Before swallowing, suck some air through the mouth, with your lips slightly open. Let the air circulate around the mouth and exhale it through the nose. When you do this, the volatile substances of the cachaça reach the olfactory buds, which detect the aroma of the cachaça, sending information to olfactory and gustatory areas of the brain, through the nervous system. Do not swallow straight away, but slowly, with the help of the tongue move the cachaça around, to the roof of mouth, palate, and the throat, in the direction of the oesophagus and stomach. Do not rinse, swirl or create waves in your mouth. During the time that the cachaça remains in your mouth, you will feel its "sweet burning sensation", despite the fact that there is no actual sugar in the cachaça, as it was all transformed into alcohol. With the help of the aroma, which does not dissipate in the mouth and is held in the olfactory memory of the taster, the origin of the cachaça – the raw material, the sugar cane – is subtly revealed. When you taste a cachaça of excellence, you experience a

agressivas, como o bálsamo e o louro canela, que, se curtidas, bem tratadas, sábia e honestamente utilizadas, produzem belas cachaças envelhecidas.

O gole e o gosto – *Degustare*, já dissemos, na tradução do latim, é, literalmente, "tocar de leve", "explorar o gosto", "gostar provando". Curioso notar, ainda, que a palavra latina *gustus* tem acepções relevantes para nós: gosto, gole, prova, bocado para provar, sabor. Na degustação, o gole é curto, ingênuo, quase infantil, natural. Deixe a cachaça inundar a boca, banhar a língua e o chão da boca, os canais procedentes das glândulas salivares, que estão nas bochechas, debaixo da língua e do maxilar inferior. Ela vai tocar as papilas gustativas que ficam na superfície da língua. O sentido do gosto é mais simples do que o sentido do olfato: percebe apenas o doce, na ponta da língua; o salgado no meio dela; o ácido nas bordas; e o amargo e o adstringente na parte posterior da língua. Entretanto, é o único sentido que pode, isolada e soberanamente, aprovar ou rejeitar uma cachaça. A sensibilidade tátil está na face da língua, bem no centro. Ali, o sentido "paladar" vai "tocar" na cachaça, saber se ela é mais ou menos consistente, densa, leitosa. Um exercício gustativo, para perceber mais: antes de engolir, sorva um pouco de ar pela boca, com os lábios entreabertos. Faça-o circular pela boca e o expulse pelo nariz. Com isto, as substâncias voláteis da cachaça tangem o bulbo olfativo, que detecta o aroma da cachaça, enviando informações aos centros olfativo e gustativo do cérebro, através do sistema nervoso. Não engula logo, e sim lentamente, com a ajuda da língua que passeia, se acomoda no céu da boca, no palato, e transporta a cachaça para a garganta, na direção do esôfago até o estômago. Nada de bochechos, de fricções, de maremotos e *tsunamis* na boca. Durante o tempo que a cachaça permanecer na boca, você sentirá a sua "doce ardência", apesar de a cachaça não possuir açúcar, que foi transformado em álcool. Mas a origem da cachaça, a matéria-prima da bebida – cana-de-açúcar – revela este traço sutil, auxiliado pelo aroma da cachaça que não se dissipa nem cessa na boca, e pela memória olfativa do degustador, a que nos referimos. Quando você degusta uma cachaça de excelência, recepciona uma água ardente que é deliciosa, prazerosa, que inunda a boca e exibe, imediatamente, uma unidade química admirável, a sua inteireza gustativa, a qual podemos chamar de "o caráter da cachaça". Não se distinguirão, não irão se separar na boca do degustador, o etanol e a água. A cachaça artesanal de qualidade

delicious and pleasant *água ardente* (firewater) that fills your mouth and immediately exhibits the marvellous chemical unity that we call the "character of the cachaça". You will not be able to taste a separation of the ethanol from the water. The non-industrial cachaça of superior quality is formed by just one smooth liquid, part alcohol, part water, and with secondary elements, some volatile, some not, that combined provide the cachaça with a unique aroma and flavour. With an inferior cachaça, the famous bad smell, the stink of cachaça, is not only present in the smell itself, but also, physically and chemically, detectable in the taste.

Swallow slowly. The cachaça will go down smoothly and delicately, soft, light, "without scraping", as people from rural areas describe it; that is, without scratching the throat and chest. However, to say that "it goes down easily" does not mean that the cachaça is wonderful. A deadly poison can go down smoothly! The majority of the consumers are used to drinking terrible, harsh, corrosive and literally sickening *pingas* which smell and taste of everything except sugar cane. So, when they drink something palatable, that does not stink, does not smell of anhydrous alcohol or taste dreadful, they think they are drinking cachaça. Often they are drinking one of the many *pingas* known as "aged", but are really the result of a fake aging process. These fakes may have started as cachaças but having been dyed, perfume added and their flavour violated by aggressive woods, they become unrecognisable – liquids from another planet, tasting like furniture oil. They are brown or excessively golden in colour, with only one taste: wood. These so-called "*pingas* de pau" (*pingas* of wood), "perfumed water" or "aftershave", bear no resemblance to what we call cachaça. Many of them that receive the nickname "Extra Premium Cachaças" or "Special Reserves", are, in fact, new, white cachaças which were undrinkable and, in order to make them consumable, were falsely transformed in "aged cachaças". Though they may go through the noble art of aging, they are not really aged at all. Wood is used to hide their defects and deceive most uninformed drinkers of the beverage. Some of these brands of cachaça are validated by the media, voted "the best in the world", and are very expensive. Many well-intentioned, but naive people, in their search for a good cachaça, spend more than ten reais (around five US dollars). Some ignorantly pay up to one thousand reais (almost 500 US dollars) for a bottle that I would not

superior é constituída de um só líquido, com a sua parte de álcool, a sua parte de água e os seus elementos secundários, voláteis ou não, que lhe dão aroma e sabor peculiares, que lhe conferem uma personalidade, uma individualidade. A famigerada inhaca, o ranço da cachaça, não está presente apenas no cheiro da cachaça ruim. Ela está, também, física e quimicamente, no seu gosto. (Você já comeu um frango bem preparado, bem temperado, frito, assado ou ensopado, mas que não tenha sido bem limpo, bem lavado com água e limão, antes do cozimento? É isto. A inhaca da cachaça é semelhante. Persiste um cheiro e um gosto de pena de galinha, de sujeira, de lixo, do ambiente do galinheiro).

Engula devagar. A cachaça desce suave e carinhosamente, macia, leve, "sem raspar", como diz o povo da roça, isto é, sem arranhões na garganta e no peito. "Descer redondo" não significa ser maravilhosa. Bola de gude, veneno de rato e bilha de rolimã também descem redondo e são usados por suicidas. A massa consumidora está acostumada a beber pingas terríveis, 'vomitativas', com cheiro e gosto de tudo, menos de cana: líquidos rascantes, corrosivos. E, quando bebe algo palatável, que não tem inhaca, não tem cheiro de álcool anidro e gosto de inferno, acha que está bebendo cachaça. Inclui-se, nesse caso, a maioria das pingas ditas "envelhecidas", que, na verdade, é tingida, perfumada e estuprada no seu sabor por madeiras agressivas, resultado de pseudo-envelhecimentos, tornando-se líquidos irreconhecíveis, verdadeiras aguardentes ETs, óleos de peroba, águas marrons e de acentuado dourado, que só possuem um gosto: de madeira. São as chamadas "pingas de pau", "águas de colônia" ou "loções de barba", que passam longe do que podemos considerar cachaça. Muitas, apelidadas de "Cachaças Extra Premium", "Reservas Especiais", eram, na verdade, cachaças novas, brancas, imbebíveis, imprestáveis, que, para serem consumidas, foram falsamente transformadas em "cachaças envelhecidas". Na verdade, não são envelhecidas coisa nenhuma, não passam pela nobre e generosa arte do envelhecimento. São maquiadas pela madeira, para esconder os seus defeitos incorrigíveis, os seus pecados inconfessáveis, enganando a maioria esmagadora e desinformada da bebida. Algumas são prestigiadas pela mídia, são eleitas "as melhores do mundo", custam uma fábula, preços absurdos. Falsos mitos criados pela mídia. E o pior: gente ingênua, bem-intencionada, à procura de cachaça, paga mais de dez reais. Alguns tolos terminais, até mil reais, por garrafa

want for free. Beware that a bad aging process, apart from being able to corrupt the cachaça, can add an unpleasant taste, normally like medication, caused by increased levels of phenol substances and of secondary compounds of the beverage (aldehydes, esters, acidity). If you are going to taste more than one cachaça in a tasting session, do not forget to wash the mouth with distilled or still mineral water (dechlorinated) between one *pinga* and another. It does not matter whether you spit out the water or swallow it, so long as your mouth is clean, and free from any traces of the previously tasted cachaça.

Evaluation – Serenely, without prejudice or reference to the brand, origin, producer, salesperson from whom you bought the bottle or the person who gave you the bottle, evaluate what you tasted. Completely impartial evaluation, free from all obstacles and impulses, does not exist. But it can be pursued. The judgement should be free from extra-sensorial elements, that is, it should be exposed only to the senses of the taster, to his or her values and the physical references of the five senses. And, of course, to his or her background and culture relating to tastes and flavours. It is true that the taster's positive or negative feelings towards the maker of the cachaça, or the circumstances in which the tasting will occur, can interfere with a careful, truthful and fair evaluation. That is why the state of the taster's body and spirit and the environmental conditions of the tasting session are so important. It is essential for the taster to carry out every step of the tasting without pressure in order to evaluate and register reliably his or her visual, olfactory and gustatory perceptions.

que não quero na minha mesa nem de graça. Atente o leitor, que o envelhecimento malfeito, além de perverter a cachaça, pode lhe dar gosto desagradável, normalmente de remédio, ao aumentar os teores dos fenólicos e dos compostos secundários da bebida (aldeídos, ésteres, acidez). Se você for degustar mais de uma cachaça, não esqueça de beber um pouco de água destilada ou mineral, sem cloro e sem gás, isto é, lavar a boca, entre uma e outra pinga, expectorando a água ou engolindo-a. Sua boca deve estar limpa, sem resquícios da cachaça anterior.

Avaliação – Serenamente, sem preconceitos ou idiossincrasias de qualquer natureza contra a marca, a origem, o fabricante, a pessoa de quem você comprou a garrafa ou a que lhe presenteou com a cachaça, você irá avaliar o que degustou. A isenção absoluta, santificada, sem peias ou estímulos ilegítimos, não existe. Mas pode ser perseguida. O julgamento estará livre de elementos extra-sensoriais, isto é, deverá estar submetido apenas aos sentidos do degustador, aos seus valores e referências somáticas dos seus cinco sentidos. E, claro, à sua cultura gustativa. É certo que a estima do degustador pelo fabricante, ou a sua reserva ao sujeito antipático que alardeia as virtudes de tal marca, ou, até, o momento e as circunstâncias nas quais ocorrerá a degustação podem interferir numa avaliação criteriosa, verdadeira e justa. Por isso a importância dos pré-requisitos do corpo e espírito do degustador e as condições ambientais para o ato cultural de degustar são importantes. Cumprir todos os passos da degustação sem pressa e sem pressões é fundamental para avaliar e registrar, com fidelidade, as suas percepções visuais, olfativas e gustativas.

How to identify a cachaça of excellence

What is required to produce cachaça of excellence, of superior quality? What is the secret of the select group of producers (not under the media spotlight) that manage to make wonderful cachaça? Everything is important: choosing the right ground to plant the sugar cane and which species to plant; the best cultivation methods, cutting and crushing to obtain the sugar cane juice; the preparation of the must; the fermentation; the distillation; and finally, the bottling of the cachaça. Every stage of production requires zealous precision, absolute hygiene of the materials, equipment and facilities, attention to detail in the small physical-chemical phenomena and in every single procedure. Nothing can be overlooked. Everything must be made with love and generosity. Negative moods and feelings cannot occupy the soul of the alembic distiller that creates a cachaça of excellence – that produces a cachaça "with the heart". The focus on profit and productivity at any price is not compatible with producing a work of art. Some say that "the best cachaça is the one that we like most". What nonsense! Certainly the best cachaça is the one that is most pleasant to us, but, only after truly analysing and evaluating its virtues and defects. It is true that the judgment is based on our subjective values and concepts – the raw impressions on our senses – but our senses can be educated; they can discover, evolve and develop. There are also objective aspects to be considered in cachaça tasting, namely the elements and characteristics of the liquid to be tasted. These elements and characteristics, when known, analysed, tasted and perceived, communicate with the sensorial system of the taster, passing through all the senses, resulting in attractions and rejections, pleasures and pain. Before giving any clues as to the best cachaças out

O que é necessário, o que é fundamental para a fabricação de uma cachaça de excelência, de qualidade superior? Qual é o segredo deste seleto grupo de produtores, contados nos dedos, que não está na mídia, e consegue uma cachaça maravilhosa? Tudo é importante, da escolha do terreno onde a cana é plantada e a espécie a plantar, ao engarrafamento da cachaça, passando pelo cultivo, o corte, a moagem para a obtenção do caldo, a preparação do mosto, a fermentação, a destilação. Não há fase da produção que prescinda do zelo, da acuidade, da absoluta higiene dos materiais, equipamentos e instalações, da atenção e precisão extremas nos detalhes, nos menores fenômenos físico-químicos, nos mínimos procedimentos. Nada é irrelevante ou dispensável. Tudo deve ser feito com amor, doação, generosidade. Sovinice, usura, egoísmo, mau humor, ódio, raiva, inveja, ganância – nenhum desses sentimentos habita a alma do alambiqueiro que inventa uma cachaça de excelência, que fabrica a cachaça "com o coração". O lucro de qualquer maneira, a produção e a produtividade a qualquer preço não são objetivos compatíveis com a obra de arte chamada Cachaça. Alguns dizem que "a melhor cachaça é aquela que a gente gosta mais". Pobre chiste! Seria como repetir aquela velha piada infantil: "Eu sei falar inglês. Quer ver? 'Inglês'. Pronto: falei inglês". A melhor cachaça é, sim, aquela que mais nos agrada. Mas depois de analisarmos e avaliarmos as suas virtudes e defeitos. Porque o julgamento se dá não apenas em decorrência dos nossos valores e conceitos subjetivos, naturais, originais, orgânicos, das impressões cruas dos nossos sentidos. Porque os nossos sentidos também aprendem, se educam, descobrem, evoluem, se desenvolvem. Existem aspectos objetivos a considerar numa degustação, isto é, os elementos e as caracterís-

there, I wish to re-emphasise the broad concept of "quality". When dealing with cachaça, it is not enough that the producer meet the requirements of legislation regarding: the presentation (bottle and label); the physical-chemical structure of the product; the up-to-date and functioning equipment of the distillery (alembic or industrial); the technical methods applied; the hygiene of the facilities; the financial standing of the company; the regime of environmental management. These are all the duties and obligations of the producer – the basics. All these attributes are necessary, but they are not everything. The superior quality, the excellence of a cachaça, is not limited to the legal aspects and to the universally accepted standards in relation to the class of beverages which contain alcohol – "alcoholic beverages", the group of "distillates" and the subgroup of "*aguardentes*". Sparkling white wine produced in the Champagne region and the brandy produced in the region of Cognac, possess their "designation of origin", internationally recognised and respected, because, as we have said, of their superior sensorial virtues and sensorial excellence, exclusive to the demarcated regions in which they were produced, including the human and natural factors. The processes or methods of production are local, loyal and constant and the continually monitored to ensure the appropriate use of the names "champagne" and "cognac", recognised with an identifying stamp of quality. The "superior quality" and "excellence" of a cachaça implies, objectively, its superiority and sensorial excellence – in appearance, colour, aroma and flavour. A positive impression on the senses of the consumer provokes satisfaction and pleasure. In other words, the aim should be to produce a beverage which is pleasing to the eyes, nose and palate – a drink that is palatable, and not just well balanced from a chemical viewpoint. A drink of superior quality, of excellence is a lovely-smelling drink, with good aroma, taste, flavour, that gives pleasure. So, the beverage must be more than

ticas do líquido a degustar. E esses elementos e características, quando conhecidos, analisados, provados, percebidos, dialogam com o sistema sensorial do degustador, passeiam por todos os sentidos, ensejando atrações e rejeições, prazeres e dores. Antes de dar a pista, de indicar o caminho ao leitor para as melhores cachaças que existem, insisto no conceito abrangente de "qualidade". Quando se trata de cachaça, não basta que o fabricante atenda às exigências da legislação quanto à apresentação (garrafa e rótulo) e à estrutura físico-química do produto; à contemporaneidade e primor das máquinas e equipamentos da destilaria (alambique ou indústria); à adequação técnica e higiene de suas instalações; à conduta fiscal e social da empresa; ao regime de gestão ambiental implantado. Isto são deveres, obrigações do produtor. Trata-se do "feijão-com-arroz". Todos esses atributos são necessários, indispensáveis, mas não são tudo. A qualidade superior, a excelência de uma cachaça, não se limita aos aspectos legais e aos padrões universalmente aceitos relativos ao gênero "bebidas alcoólicas", à espécie "destilados" e ao grupo "aguardentes". O vinho espumante branco fabricado na região de Champagne e o *brandy* feito na região de Cognac, ambos na França, possuem as suas "denominações de origem" consagradas e respeitadas internacionalmente, em função, como já afirmamos, das suas virtudes sensoriais superiores, da sua excelência sensorial, devida, exclusiva e essencialmente, às regiões demarcadas onde são fabricadas, incluídos os "fatores naturais e humanos". Os processos ou métodos de obtenção dos produtos são "locais, leais e constantes" e estruturas de controle fiscalizam o direito de uso exclusivo das denominações "*champagne*" e "*cognac*", reconhecido num selo identificador da qualidade. A "qualidade superior", a "excelência" de uma cachaça, implica, objetivamente, a sua superioridade e excelência sensoriais. Na aparência (aspecto), na cor, no aroma e no sabor. Que as suas características organolépticas impressionem posi-

"in compliance with legislation" – that just has "legal" quality, meeting storage, bottling and labelling standards – or that, miserably, presents some virtues. Today, much is said of "aggregate value"; that is, adding value to the cachaça by, for example, aging or investing in packaging (bottle and label). If there is a value to be added to the majority of Brazilian cachaças, this value is called "quality", understood both as excellence in chemical composition and excellence in aroma and flavour. "Quality" cachaças should have pleasant aroma and flavour, tasty, pleasing and delicious to drink. Today, these are rare.

Sensorial excellence: values, concepts and characteristics

Bottle – Glass or smooth, odourless china.

Brand – Legally registered at MAPA.

Producer – In legal and regular activity.

Type of production – Non-industrial, made in a copper alembic still.

Type – New (white) or aged. Ignore, reject "sweet cachaça". Do not trust cachaças that have been aged for more than four or five years, especially if aged in oak, umburana, balsam and other aggressive woods that violate the soul of cachaça. The aging was probably not carried out under the inspection of MAPA (in sealed barrels) or, if it was, it served to disguise a new, white, undrinkable cachaça, by transforming it in wood syrup into a beverage that is no longer cachaça, but something else. The new beverage is predominantly wood, an element that should really only appear as a hint in the aroma, being used only to season the cachaça. Be aware, as well, of producers that only show their "aged cachaças" and do not reveal the "cachaça" they produced – the true, white, new and fresh cachaça that could have been just "rested" in neutral wood. Are they ashamed of it? Are they not proud of what they produced? If their cachaça is the "parent", the source of the "aged cachaça", why are they hiding it? If the "cachaça" is of inferior quality, then its "child", the "aged cachaça", cannot be better. It will be equally poor. To disguise the bad quality, the producer of an inferior cachaça uses the terrible and disgraceful

Um regime ambiental moderno, eficaz, lucrativo e responsável dá bom tratamento aos resíduos industriais da cachaça: o bagaço da cana vira combustível das caldeiras e alimenta os animais; o vinhoto compõe a ração animal e o fertilizante do solo.

A modern environmental regime – effective, lucrative and responsible – treats the industrial residues of cachaça properly. The bagasse of sugar cane is used as fuel for industrial boilers and as animal feed. The excess liquid can be used as a component of animal feed and soil fertilizers.

O armazenamento e o envelhecimento de uma cachaça de qualidade sensorial superior são feitos em dornas e tonéis de madeiras adequadas, tecnicamente preparadas, dentro de condições ambientais ideais, seguindo rigorosas normas técnicas e legais.

The storage and aging of a cachaça of superior sensorial quality are done under ideal conditions, following rigorous technical and legal regulations, in tanks and barrels made from appropriate woods that have been technically prepared.

tivamente os sentidos do consumidor, provoquem satisfação e prazer. Ou seja, aparência, cor, aroma e sabor agradáveis: uma bebida agradável aos olhos, ao olfato, ao paladar. Uma bebida mais que palatável, e não uma bebida apenas quimicamente honesta e correta. Uma bebida de qualidade superior, de excelência, é uma bebida cheirosa, de bom aroma, gostosa, saborosa, que dá prazer. É uma bebida acima daquelas que somente estão "de acordo com a legislação", que apenas "têm qualidade legal", isto é, que estão dentro dos padrões legais de produção, armazenamento, engarrafamento e rotulagem. Ou que, miseravelmente, "apresentem alguma virtude". Hoje, fala-se muito em "valor agregado", em "agregar valor". Isto se conseguiria, propagam, envelhecendo-se a cachaça ou investindo-se na embalagem (garrafa e rótulo). Se valor há que se agregar à quase totalidade das cachaças brasileiras, esse valor chama-se "qualidade", entendido como excelência na composição química e excelência no aroma e no sabor, cachaças de aroma e sabor agradáveis, bebidas gostosas, prazerosas, líquidos deliciosos. Hoje, isto é uma raridade.

Excelência sensorial: valores, conceitos e características

Garrafa – De vidro ou louça lisa, inodora.

Marca – Legalmente registrada no MAPA.

Fabricante – Em atividade legal e regular.

Modo de produção – Artesanal, fabricada em alambique de cobre.

Tipo – Nova (branca) ou envelhecida. Ignore, rejeite "cachaça adoçada". Desconfie das cachaças com mais de quatro ou cinco anos de envelhecimento, principalmente em carvalho, amburana, bálsamo e outras madeiras agressivas, que estupram a alma da cachaça, corrompem o seu caráter. Esse tempo, ou não foi cum-

solution of pretending that they age it. All they really do, however, is to cover-up the stench, the excessive acidity and awful flavour of the cachaça with the smell and taste of wood – usually an aggressive wood, with its inadequate shavings, extracts or resting process. In this way, they trick the consumer by showing a cachaça which has been falsely aged but which is commercially accepted. There are some such "aged" brands which are overrated by the media. They are strong wood dyes or weak "wardrobe waters", from producers that do not know how to make cachaça; producers who cannot show their white cachaças because they are too awful.

Label – It must display the information determined by law, described above: brand (registered at MAPA), content, alcohol level, licence, origin, producer (with the company's national and regional registration code), type ("cachaça", "aged cachaça" or "sweet cachaça"). It may also show some additional information, such as, if "aged", the resting time and the type of wood used.

Fermentation – I believe that 70% of a cachaça of excellence is determined by a good and efficient fermentation. The secret of a satisfactory fermentation is in the yeast (the ferment of each producer) and in the "*pé-de-cuba*" – the preparation that puts the ferment in a small amount of sugar cane and starts the process that will transform the sugar into alcohol. This is a gift; a treasure; an immense wisdom that is not transferable and that, even if taught, can never be truly, exactly or completely replicated. There are "knacks" of fermenting and "tricks of the trade". If this were not the case, anyone would be able to make excellent cachaça from following a production manual. Rarely, the label or back label will declare whether the fermentation is natural (homemade, traditional) or artificial. Even if it declares that it is natural, without the use of industrialised ferment, without chemical additives and so on, the information is not totally reliable. However, even if it is natural, this does not guarantee a marvellous cachaça. Only knowing and trusting the alembic distiller will make the taster confident that the relationship of cause and effect, fermentation and excellence, was applied to that wonderful cachaça. After decades of studies and half a century practising *pingofilia*, I attribute the unbeatable excellence of the cachaças from Paraty to the "Paraty way of making cachaça", which has been the way for over 400 years; to the ferments and *pés-de-cuba* of half a dozen long-established families in Paraty; to the delicious perfume of fruits of the

prido, sob fiscalização do MAPA (barris lacrados) ou, se foi, serviu para mascarar uma cachaça branca, nova, imbebível, transformou a cachaça ruim num extrato de madeira, numa bebida que deixou de ser cachaça para se transformar em coisa alguma, na qual predomina a madeira, elemento que deve ser apenas um traço no aroma e um tempero no sabor. Questione, também, os fabricantes que só apresentam "cachaças envelhecidas", que não exibem a "cachaça" que produzem, a verdadeira cachaça, a cachaça branca, nova e fresca, no máximo, "descansada" em madeira neutra. Têm vergonha dela? Não se orgulham do que produzem? Se ela é a "mãe", a matriz da "cachaça envelhecida", por que escondê-la? Se a "cachaça" é ruim, a sua "filha", a "cachaça envelhecida", não será melhor. Será igualmente ruim. Para não perecer na má qualidade, na indigência sensorial, o fabricante de uma cachaça ruim tem uma medonha e nefasta solução: fingir que envelhece o produto, cobrir, disfarçar a inhaca, a acidez excessiva, o péssimo sabor da sua cachaça, com a cor, o cheiro e o gosto da madeira. E, em geral, de uma madeira agressiva, com a sua raspa, com o seu extrato ou com o repouso inadequado ou excessivo do líquido. Assim, obtém uma cachaça falsamente envelhecida, que será comercialmente aceita, enganando o consumidor. Estão, neste caso, algumas marcas "envelhecidas", canonizadas pela mídia. São fortes tinturas de madeira ou fracas "águas de armário", cujos fabricantes não sabem fazer cachaça, não podem mostrar as cachaças que fabricam, as suas cachaças novas, brancas, pois são terríveis, péssimas.

Rótulo – Deve trazer as indicações e inscrições previstas em lei, descritas acima: marca (registrada no MAPA), conteúdo, grau alcoólico, registro, procedência, fabricante (c/ CNPJ e inscrição estadual), a sua tipologia ("cachaça", "cachaça envelhecida" ou "cachaça adoçada") e inscrições exigidas pela lei. E outras informações adicionais importantes: se envelhecida, tempo de repouso, madeira.

Fermentação – Eu acredito que 70% de uma cachaça de excelência residem numa boa e feliz fermentação. E a levedura, o fermento de cada produtor, o seu "pé-de-cuba", que é a preparação que coloca o fermento numa pequena quantidade de caldo e deflagra o processo que transformará o açúcar em álcool, isto tudo é segredo. É como dormir, amar ou cuidar: cada um tem o seu jeito, a sua maneira. Trata-se de uma riqueza, um patrimônio individual, uma sabedoria insondável,

fermentation rooms; to the teaching of some sons and grandsons of employees of more than a hundred sugar cane mills in Paraty, still active at the beginning of the twentieth century. I assign the particular excellence of these Paraty cachaças to these secular techniques and procedures, transmitted orally through the generations. The "Paraty way of making cachaça" is a very precious, non-materialistic heritage, and cannot be registered because it is not publicised. The fermentation process, the *pé-de-cuba* of Paraty itself is an even bigger treasure. This *pé-de-cuba*, built with elements of the sugar cane mill itself, in the universe of sugar cane and the environment of the mill – with yeast inherited from the last alembic round, sugar cane juice, bagasse, must – is the great secret, the great magic, of the superiority of the cachaça from Paraty. Alembic distillers from other places in Brazil have been finding their own ways, mirroring the art from Paraty. I know a few that were successful. A conscientious and responsible producer tells me often: "Ninety per cent of a cachaça of excellence is in the absolute and extreme hygiene applied in all phases of its production. Ten per cent is in the secret of a good and natural fermentation". I agree with the idea, not with the percentages. The hygiene, the radical sterilisation of the facilities, equipment, tools, raw materials, handlers of elements of the sugar cane mill, is not the unique secret, the cure – all of the good cachaça. It is, however, the indispensable support, which must exist in order to produce a superior quality cachaça. Without a meticulously clean environment, no ferment, *pé-de-cuba* or technology will be capable of producing a cachaça of excellence with a pleasing aroma and convincing flavour. Note that, when I talk about hygiene, I condemn contaminating elements such as paraffin, product derived from petroleum, highly toxic, that the majority of the non-industrial producers use to seal their vintage tub and barrels. I witnessed the work of recovery of vintage tubs, in which the alembic distiller, before burning the internal walls and floor of the receptacle with a blowtorch, found two or three layers of paraffin to be scraped off. The contact of the cachaça with the paraffin in the non-industrial mill, or the cachaça with asphalt, in the industrial tanks, certainly contaminates the product. What is recommended is the application of beeswax in the vintage tubs, barrels, casks, hogsheads and tubes to seal the damage caused by woodworm and other insects. The beeswax is a natural product that does not

intransferível, que, mesmo ensinada, não é verdadeira, não é completa, não é cabal. Existe o "pulo do gato". Senão, todos fariam cachaça excelente, aprendida nos manuais de fabricação de cachaça artesanal. É como a receita do chocolateiro, do confeiteiro de uma fábrica de chocolates. Raramente, o rótulo ou o contra-rótulo informará se a fermentação é natural (caseira, caipira) ou artificial. Mesmo se informar que é natural, sem o uso de fermento industrializado, sem aditivos químicos etc., a informação não é absolutamente confiável. E se for, também não garante uma cachaça maravilhosa. Somente o conhecimento e a confiança no alambiqueiro ou no destilador deixarão o degustador certo de que a relação causa-efeito, fermentação-excelência, se aplicou àquela cachaça maravilhosa. Eu, depois de décadas de estudos e de meio século de pingofilia militante, atribuo o "modo paratyense de fazer cachaça", há mais de quatrocentos anos, aos fermentos e pés-de-cuba de meia dúzia de famílias remanescentes em Paraty; ao delicioso perfume de frutas das salas de fermentação paratyenses; aos ensinamentos de alguns filhos e netos de empregados de mais de uma centena de engenhos paratyenses, ativos ainda no início do século XX; atribuo a essas técnicas e procedimentos seculares, transmitidos oralmente entre gerações, a excelência insuperável das cachaças de Paraty. Esse "modo paratyense de fazer cachaça", um patrimônio imaterial preciosíssimo, irregistrável porque não revelado, tem na fermentação, no pé-de-cuba paratyense, o seu maior tesouro. Induzo, suponho que esse pé-de-cuba, construído com elementos do próprio engenho, no universo da cana e no ambiente do engenho – levedura herdada da última alambicada, caldo, bagaço, mosto –, seja o grande segredo, a grande mágica, empirismo e alquimia, da primazia paratyense. Alambiqueiros, eu sei, de outros pontos do País têm procurado seus próprios caminhos, espelhando-se na arte paratyense. Conheço alguns bem-sucedidos. Um fabricante consciencioso e responsável costuma me dizer: "Noventa por cento de uma cachaça de excelência, Marcelo, estão na absoluta e extrema higiene empregada em todas as fases da sua fabricação. Dez por cento estão no segredo da boa e natural fermentação". Concordo com a idéia, não com as percentagens. A higiene, a assepsia radical das instalações, equipamentos, instrumentos, matéria-prima, manipuladores dos elementos do engenho, não é o segredo quase único, a panacéia da boa cachaça, mas o suporte indispensável, a realidade insubstituível para

compromise the integrity of the beverage. In the past, when the fermentation rooms were open, spiders used to be the predators of woodworm. It is also dangerous to paint the internal walls of the vintage tubs with oil based paint, to get rid of woodworm. The wood absorbs and incorporates everything: solids and liquids adhered to it, or gases in the environment. If a chest of drawers that used to be, for years, in a room of heavily smokers, has its walls reused for the construction of a barrel to store cachaça, the beverage will have smell and flavour of tobacco.

Distillation – Refuse cachaças with double or multiple distillations. Non-industrial cachaça of excellence is invariably the result of only one distillation. More than one distillation makes the distillate insipid, tasteless, without aroma, flavour or grace. The cachaça is transformed into neutral alcohol, similar to vodka or gin ideal for the preparation of drinks and cocktails. Single distillation is more common – although the reality shows some deviators to this method. We have two types of anomalies. Some producers, with the intention to "protect the health of cachaça lovers", started to use the double distillation as a procedure destined to eliminate certain secondary components of the cachaça created in the fermentation and distillation – the so-called poisons of cachaça, as we have seen before. Other producers, because they cannot produce a reasonable pinga through the normal process, decide to do a second distillation in order to neutralise bad, non-commercial smells and flavours, and to correct the alcohol levels, generating a weak cachaça without character, with a minimum coefficient of "congeners" of cachaça (see page 62), which provide the identification standard and quality to the beverage.

Closing system – With a real or synthetic cork, or with aluminium screw-cap, without dropper or pipette. Check the fiscal stamp that covers the bottleneck.

Appearance – Limpid, transparent, crystal clear. New or aged, the liquid shows uniformity, invariably without residues of any nature. A "collar" forms on the surface of the content, when the bottle is lightly swirled. No sign or proof of excellence, only that the cachaça has alcohol. A "running of tears" on the wall of the chalice or the transparent small glass, if we tilt against the light, shows only the viscosity of the non-industrial *pinga*. Again, nothing that proves quality or superior flavour.

Colour – If it is new (or aged in neutral wood or almost neutral in a period of time which is insufficient

se fabricar uma cachaça de qualidade superior. Sem um ambiente limpo, eugênico, de zelo e capricho, não haverá fermento, pé-de-cuba ou tecnologia capaz de produzir uma cachaça de excelência, com aroma agradável e sabor convincente. Atente-se que, quando falo de higiene, censuro os elementos contaminadores como a parafina, produto derivado do petróleo, altamente tóxico, que a maioria dos fabricantes artesanais usa para vedar as suas dornas e barris. Presenciei trabalho de recuperação de dornas, em que o alambiqueiro, antes da flambagem com maçarico das paredes internas e no chão do recipiente, encontrou duas, três camadas de parafina a serem raspadas. O contato da cachaça com a parafina, no engenho artesanal, ou da cachaça com o asfalto, nos tanques da indústria, certamente contamina o produto. Recomendável é a aplicação da cera de abelha nas dornas, barris, tonéis, pipas e cartolas para vedar os estragos das brocas e outros insetos. Ela é um produto natural que não compromete a integridade da bebida. No passado, quando as salas de fermentação eram abertas, as aranhas eram os predadores das brocas que danificavam os recipientes. Perigoso, também, é pintar as paredes externas das dornas com tinta a óleo, a fim de evitar as brocas. A madeira tudo apreende e incorpora: sólidos, líquidos a ela aderidos, ou gasosos no seu ambiente. Se uma cômoda que habitar, durante anos, uma sala de fumantes vorazes tiver as paredes do móvel aproveitadas para a construção de um tonel, e esse tonel armazenar cachaça, esta terá cheiro e sabor de tabaco.

Destilação – Recuse cachaças com bi ou multidestilação. Cachaça artesanal de excelência, de qualidade superior, de aroma e sabor deliciosos, é, invariavelmente, resultado de apenas uma única destilação. Mais de uma destilação torna o destilado insípido, insosso, sem aroma, sem sabor, sem graça. A cachaça se transforma num álcool neutro, semelhante à vodca, ao gim, ao corn, ideal para a preparação de drinques e coquetéis. A monodestilação é uma conduta quase generalizada. Porém, a realidade expõe alguns desertores. Temos dois tipos de anomalias. Uns, a pretexto de "salvar a saúde dos amantes da cachaça", aderiram à bidestilação como procedimento destinado a eliminar certos componentes secundários da cachaça, criados na fermentação e na destilação. São os chamados "venenos" da cachaça, dos quais já tratamos. Outros, como não conseguem fabricar uma pinga razoável pelo processo normal, partiram para mais de uma destilação, a fim de

to change its colour), the cachaça should be colourless. If aged, it should be yellow or clear golden, suave, consistent, without clouds, traces or imperfections. There should be no dark *pingas*, with strong colours, dyed a wood colour.

Aroma – Seductive, sensual, rustic. If it is new, it smells like sugar cane, and only sugar cane. If aged, as well as the smell of sugar cane, two or more traces of the wood that seasoned the cachaça may be detected. And nothing more. In both, the prevailing, dominant perfume is of sugar cane. New and aged remind us of molasses and *rapadura*.

Flavour – Strong and delicious. Rustic and delicate. Outstanding. Marvellous. Fiery while flooding the mouth. After that, a pleasing flavour, fascinating, unique. Perfect. When it is drunk, the cachaça is soft, sensual and involves your whole body. A divine sweet taste, without sugar, that conquers and captivates. Cachaça tastes like sugar cane and only sugar cane. "*Cana*" (cane) is the closest and more faithful synonym of "*cachaça*". No other word is more appropriate to name cachaça.

Aftertaste – The sommeliers and oenologists talk of a "secondary aroma" of wine, perceived in the mouth, through the Eustachian tube, after the wine is swallowed. I believe that the ethers and esters, volatile substances also found in the cachaça, do not flow only in the chalice, under the nostrils of the taster. After swallowing, they circulate the skull around the eyes, nose and ears, and we feel what I call the "inebriating gases of cane". The taster smells from the mouth and drinks from the nose, breathes in and out the "sweet burning" of cachaça. The sensation is pleasing, fulfilling, and pleasurable.

neutralizar odores e sabores terríveis, anticomerciais, e para a retificação alcoólica, obtendo uma cachaça sem caráter e fraca, com um coeficiente mínimo dos "congêneres da cachaça" (ver pág. 63), o qual dá padrão de identificação e qualidade à bebida.

Vedação – Com rolha de cortiça ou sintética, ou com tampa-rosca de alumínio, sem conta-gotas doseador. Confira se o selo fiscal cobre a saída do gargalo.

Aparência – Límpida, transparente, cristalina. Novo ou envelhecido, o líquido apresenta uniformidade, invariabilidade, sem resíduos de qualquer natureza. Um colar se forma na superfície do conteúdo, num leve meneio da garrafa. Nenhum sintoma ou prova de excelência, apenas que a cachaça tem álcool. Um "escorrer de lágrimas" na parede do cálice ou do copinho transparente, se o inclinamos contra a luz, mostra apenas a viscosidade da pinga artesanal. Nada, também, que prove qualidade ou sabor superior.

Cor – Se nova (ou envelhecida em madeira neutra ou quase neutra em tempo insuficiente para não mudar a cor da cachaça), a cachaça terá de ser incolor. Se envelhecida, de cor amarela ou dourada clara, suave, sem diferenças, sem nuvens, traços ou jaças. Nada de pingas escuras, de cor forte, tingidas, verdadeiras tinturas de madeira.

Aroma – Sedutor, sensual, rústico. Se nova, cheiro de cana, exclusivamente. Se envelhecida, além do cheiro da cana, dois ou mais traços da madeira que temperou a cachaça. E nada mais. Em ambas, o perfume prevalecente, dominante, da cana. Nova e envelhecida lembram melado, rapadura.

Sabor – Forte e delicioso. Rústico e delicado. Marcante. Maravilhoso. Ardente, sim, ao inundar a boca. Uma água ardente. Em seguida, sabor prazeroso, fascinante, soberano. Perfeito. Ao ser bebida, a cachaça é macia, sensual, toma conta do tronco e do corpo como um todo. Um doce divino, sem açúcar, que conquista e cativa. Cachaça tem gosto de cana. E só de cana. "Cana" é a mais próxima e fiel sinonímia de "cachaça". Nenhuma palavra é mais apropriada para designar a cachaça.

Retrogosto – Os *sommeliers* e enólogos falam de um "aroma secundário" do vinho, percebido na boca, pela trompa de Eustáquio, depois que o vinho é deglutido. Creio que os tais éteres e ésteres, substâncias voláteis também encontradas na cachaça, não fluem apenas no cálice, sob as narinas do degustador. Após o gole, eles tomam conta da caixa craniana, na qual estão os olhos, o nariz e os ouvidos, e sentimos o que chamo de "os

Digestion – New cachaça shakes the body and pleases the spirit. It unleashes your talkative side and opens your appetite. Aged cachaça makes you reflect, talk and digest. The short swig, in the right rhythm and moderation, disciplines the instinct and can guide both the appetite (in the case of white cachaça suitable as an aperitif) and the slow and continuous pleasure, when it becomes aged *pinga*. The superior quality, chemically balanced with unity, character and gustatory excellence, new or aged, leaves you in a happy satisfied state of digestion. It cannot be the cause of inconvenience, uneasiness, sickness, dizziness, pain or bad breath.

Ranking cachaça

Classification according to the cachaça tasting of Marcelo Câmara:

a) wonderful cachaças, rare and unbeatable:

grade 10; *pingas from heaven*

b) cachaças of excellence, of superior quality:

grade 8 to 9.9; *pingas from the altar*

c) average cachaças, with quality, just drinkable:

6 to 7.9; *pingas from the shelf*

d) poor, inferior cachaças, without quality:
from 0 to 5.9.

pingas from heaven 🍷🍷🍷

pingas from the altar 🍷🍷

pingas from the shelf 🍷

inebriantes gases da cana". O degustador cheira pela boca e bebe pelo nariz, aspira e expira "a doce ardência da cachaça". A sensação é agradável, de plenitude, de prazer.

Digestão – A cachaça nova sacode o corpo e alegra o espírito, solta a fala, abre o apetite. A envelhecida leva à reflexão, ao papo e à digestão. O gole curto, no ritmo certo, e a moderação, temperança que disciplina o instinto, podem guiar, tanto ao aguçamento do apetite, no caso da cachaça branca 'aperitivante', quanto ao prazer lento e continuado, quando se toma a pinga envelhecida. A cachaça superior, quimicamente equilibrada, com unidade, caráter e excelência gustativa, nova ou envelhecida, leva ao fastio feliz, à satisfação digestiva. Não pode ser causa de incômodos, mal-estar, enjôo, tontura, dores ou mau-hálito.

O ranking da cachaça

Classificação conforme a degustação de Marcelo Câmara:

a) cachaças maravilhosas, raras e insuperáveis: nota 10; *pingas do céu*

b) cachaças de excelência, de qualidade superior: notas de 8 a 9,9; *pingas do altar*

c) cachaças medianas, com qualidade, apenas bebíveis: de 6 a 7,9; *pingas da prateleira*

d) cachaças ruins, sem qualidade: de 0 a 5,9.

pingas do céu 🍷🍷🍷

pingas do altar 🍷🍷

pingas da prateleira 🍷

≈ Cachaças
White, new, fresh or just "rested" in neutral wood

1st place - *Coqueiro, from Paraty, state of Rio de Janeiro, RJ* - 47%. Two types: Traditional (white and new) and *Azulada* (pale blue, new, distilled in the leaves of tangerine) - grade 9.9 (occasionally it can receive a grade of 10)

2nd place - *Corisco, from Paraty, RJ* - 48% - grade 9.8 (occasionally it can receive a grade of 10)

3rd place - *Vamos Nessa, from Paraty, RJ* - 47% - grade 9.7 (occasionally it can receive a grade of 10)

4th place - *Samanaú, from Caicó, state of Rio Grande do Norte, RN* - 40% - grade 9 (with the possibility to improve and achieve a grade of 10 in certain alembic rounds.)

Comments

" Appearing in 2005, it is considered to be the great novelty in the universe of cachaça. Produced by the engineer Dadá Costa, a successful newcomer in the art of alembic distillation, it is a very pure, translucent and delicious cachaça. Talented, dedicated and generous, the producer, in the middle of the Caatinga region, mixes secular wisdom with scientific technology. He plants and crushes an irrigated sugar cane, apart from creating his own non-industrial processes of fermentation and distillations, as it should happen with the true master alembic distillers. His inspiration comes from Paraty, where he visited before starting his production. At the end of the swig, it has an indefinite taste: is it a gustatory detail from the sugar cane or from the wood where it "rested"? Neither. It is rain water of the region, collected in cisterns. Nothing that compromises the quality. On the contrary, it seems to be a mark of the sugar cane itself or the fermentation. "

5th place - *Aroeirinha, from Porto Firme, state of Minas Gerais, MG* - 45% (the former "Si sobrá nois vendi") - grade 8

≈ Cachaças

brancas, novas, frescas ou apenas "descansadas" em madeira neutra

1° lugar - *Coqueiro, de Paraty, RJ* - 47%. Dois tipos: Tradicional (branca e nova) e Azulada (nova, destilada nas folhas da tangerina) - nota 9,9 (podendo receber 10 ocasionalmente)

2° lugar - *Corisco, de Paraty, RJ* - 48% - nota 9,8 (podendo receber 10 ocasionalmente)

3° lugar - *Vamos Nessa, de Paraty, RJ* - 47% - nota 9,7 (podendo receber 10 ocasionalmente)

4° lugar - *Samanaú, de Caicó, RN* - 40% - nota 9 (com possibilidades de se aprimorar e alcançar a nota 10 em determinada alambicagem)

Comentário

"Trata-se da grande novidade no universo da cachaça, surgida em 2005. Produzida pelo engenheiro Dadá Costa, um novato bem-sucedido na arte de alambicar, é cachaça puríssima, translúcida, deliciosa. Talentoso, aplicado e generoso, seu fabricante, em plena caatinga, mistura sabedoria secular e tecnologia científica, planta e mói uma cana irrigada, além de criar processos artesanais de fermentação e destilação próprios (como deve ocorrer com os verdadeiros mestres alambiqueiros). Sua inspiração vem de Paraty, que visitou antes de iniciar a produção. No final do trago, um gostinho indefinido: um detalhe gustativo da cana ou da madeira aonde 'descansou'? Nada disso. Água de chuva do sertão, recolhida em cisternas. Nada comprometedor. Ao contrário, parece uma marca da própria cana ou da fermentação."

5° lugar - *Aroeirinha, de Porto Firme, MG* - 45% (antiga "Si sobrá nois vendi") - nota 8

≈ Aged Cachaças

Sharing 1st place - *Coqueiro and Corisco, both from Paraty, RJ* - grade 9.9

Coqueiro Envelhecida (46%) (Aged Coqueiro)
Coqueiro Prata (44%) (Silver Coqueiro)
Coqueiro Ouro (44%) (Gold Coqueiro)
Corisco Envelhecida (46%) (Aged Corisco)

2nd place - *Velha Aroeira, from Porto Firme, MG* -45% - grade 9.8

3rd place - *Tabaroa, from Bichinho, (Vitoriano Veloso), MG* - 40% - grade 9.7

4th place - *Samanaú, from Caicó, R. N* -42% - grade 9

Comments

"Fantastic aging. Soft *pinga*, with perfume and taste of sin: sugar cane, seasoned in the wood. I tasted one aged in *louro-canela* (cinnamon laurel), a dangerous wood, active, however it is only a well measured seasoning at the end of the swig. The soul of the cachaça – the sugar cane – remains the same. It stands out by its chemical unity in the mouth and velvety sensation. Beautiful cachaça."

5th place - *Salva Gerais - Prata, from João Pinheiro, MG* - 40% - grade 8.5

(Extract from "**Mar de cachaça**", by Ludmila Vilar, *Playboy* magazine, May 2006,
Article published on the website www.playboy.com.br)

≈ Cachaças envelhecidas

1° lugar (empatadas): *Coqueiro, de Paraty, RJ*, e *Corisco, de Paraty, RJ* - nota 9,9

Coqueiro Envelhecida (46%)
Coqueiro Prata (44%)
Coqueiro Ouro (44%)
Corisco Envelhecida (46%)

2° lugar - *Velha Aroeira, Porto Firme, MG* - 45% - nota 9,8

3° lugar - *Tabaroa, de Bichinho (Vitoriano Veloso), MG* - 40% - nota 9,7

4° lugar - *Samanaú, de Caicó, RN* - 42% - nota 9

Comentário

"Envelhecimento fantástico. Pinga macia, com perfume e gosto de pecado: cana, temperada na madeira. Degustei uma envelhecida no louro-canela, uma madeira perigosa, ativa, porém ela é somente um tempero bem dosado e final no gole. A alma da cachaça – a cana – permanece. Distingue-se pela unidade química na boca e a ingestão aveludada. Belíssima cachaça."

5° lugar - *Salva Gerais* - Prata, *de João Pinheiro, MG* - 40% - nota 8,5

(Trecho de "**Mar de cachaça**", por Ludmila Vilar, revista ***Playboy***, maio 2006, matéria publicada, na íntegra, no site www.playboy.com.br)

Guide to filling in a tasting form

Date – Note the day, month and year that you tasted the cachaça.

Place – Where did you taste the cachaça? In a house, farm, site, bar, tavern, general store, bar, restaurant, kiosk? Write the borough, district, city, municipality, state, country. If you were at a party, a gathering, a visit, a routine or special event, make a note of it in the Comments section at the end.

Bottle(make comments) – What material is the bottle made from? What colour is the bottle? Make your comments. I have heard of past appreciators of cachaça advocating the use of dark bottles to protect the *pinga* from excessive light. I believe that whatever the bottle, transparent or coloured, it should be stored upright, away from sunlight and free from excessive variations in light, temperature and humidity. What do you think of the bottle? Beautiful? Practical? What about its style and shape? Is it pleasing to the eye? Is it functional? Does it match its contents, the cachaça? Or does it look like a bottle for another beverage? Does it invite you to take a swig? How does it feel in your hand?

Label(make comments) – Is it made of paper, plastic or plastic-based material? From paper recycled from sugar cane leaves? Note whether it is black and white, all one colour or multicoloured. Say if it is pretty, attractive, delicate, evocative or aggressive. If it persuades the consumer to consume or not. Is it informative? Be critical. Comment.

Back label(make comments) – Interesting or dispensable? Does it complement the label or is it redundant? Does it give useful information to the consumer?

Cachaça(brand) – The name of the *pinga* (highlighted on the label). White cachaças could incorporate names like "Traditional" or "Silver" into their brand name, if they did not suffer a substantial alteration in colour. The word "Gold" is already associated with a brand of cachaça that, when aged, significantly changes from its original colour. Perhaps this is the most important and valuable thing to register on this tasting form. If the cachaça is of excellence in your evaluation, you will try to taste it, sip it or drink it again. But if it did not measure up to your tastes and senses, you will never want to try it again.

Contents – How much cachaça is there? What is the bottle volume? (Except for the old-style containers, I do not know any of volumes of more than 1 litre).

Type(regime)**of production** – While MAPA has not yet established "criteria and procedures" for non-industrial

Orientação para preenchimento da ficha de degustação

Data – Anote o dia, mês e ano, que você degustou a cachaça.

Local – Onde você degustou a cachaça? Casa, fazenda, sítio, botequim, bodega, venda, bar, restaurante, quiosque. Escreva o bairro, distrito, cidade, município, estado, país. Se foi em festa, velório, visita, evento ou cotidiano, deixe para registrar nos "Comentários", ao final.

Garrafa(comente) – Qual o material da garrafa? A cor da garrafa? Faça um comentário. Ouvi antigos apreciadores de cachaça pregarem o casco escuro para proteger a pinga da luz excessiva. Acredito que qualquer garrafa, transparente ou de cor, deva ser guardada em pé, ao abrigo do sol e livre das variações excessivas de luminosidade, temperatura e umidade. O que você achou dela? Bonita? Prática? A sua forma, *designer*? Agrada aos olhos? É prática, funcional? Condiz com o seu conteúdo, a cachaça? Ou parece garrafa de outra bebida? Convida ao trago? Como a sente na sua mão?

Rótulo(comente) – É de papel, plástico ou plastificado? De papel reciclado da folha da cana-de-açúcar? Informe se é preto e branco, de uma só cor ou em policromia. Diga se é bonito, atraente, delicado, insinuante ou agressivo. Se persuade ou não o consumidor para o consumo. Informa? Critique.

Contra-rótulo(comente) – Interessante ou dispensável. Complementar ou redundante ao rótulo? Traz informações úteis ao consumidor?

Cachaça(marca) – O nome da pinga (em destaque no rótulo). As cachaças brancas poderão agregar os nomes "Tradicional" ou "Prata" à sua marca, se, armazenadas ou não em madeira, não sofrerem alteração substancial na sua cor. Já a palavra "Ouro" se associará à marca da cachaça que, envelhecida, mudar significativamente a sua coloração original. Talvez este seja o registro mais importante e valioso desta ficha. Se a cachaça for de excelência na sua avaliação, você tentará degustá-la, bebericar ou bebê-la de novo. E sempre. Se for reprovada pelos seus sentidos, jamais você terá a infelicidade de prová-la novamente.

Conteúdo – Qual a quantidade de cachaça na garrafa? (Afora os garrafões antigos, não conheço volume maior que um litro).

Modo(regime)**de produção** – A lei proíbe o uso da expressão "artesanal" no rótulo da cachaça assim produzida, enquanto o MAPA não estabelecer "os critérios e procedimentos" para a sua produção. No entanto, a lei não proíbe que se imprima "Cachaça de alambique". Normalmente, a cachaça artesanal, se não é assim autodenominada no rótulo ou no contra-rótulo,

production, the law prohibits the use of the expression "non-industrial" (*artesanal*) on labels of cachaça produced non-industrially. However, the law does not prohibit the printing of "Alembic Cachaça". Normally, non-industrial cachaça, if not named on the label or back label, carries the inscription "Made in the X Sugar-mills" or "Made by Distillery X, Sugar-mill Y"; or even "Made by Mr. X" or "by the Z family". Or the label and back label declare that it was from a "cachaça alembic still" or "made in a copper alembic still" or "must from sugar cane distilled in a copper alembic still". It is not difficult to identify the type of production of a cachaça. Another clue is the information "standardised" and/or "sweetened". When you read one of these words on the label, the *pinga* is industrial. If it is standardised, it means that it is a mixture of different cachaças from various origins that was set at a particular alcohol level, flavour and colour.

Raw material – A few years ago organic sugar cane started to be used as the raw material for the production of cachaça – that is, sugar cane cultivated without pesticides. The fact that the raw materials are organic does not mean that they will produce a superior quality cachaça, because the producer may not know how to make a cachaça in this category: how to utilise "clean" raw materials, recycle and reuse sub-products of the same production process, to use chemical products in all its phases and so on. It is not the "organic" or "environmentally correct" nature of the production process, free from chemical products, that gives superiority of the sugar cane or excellence of the cachaça, over other non-industrial *pingas*.

Distillation – Almost all cachaças, non-industrial and industrial, are the descendents of a single distillation. Cachaças declaring that they have been through two or more distillations do so as if it were a good thing. I do not see it as a positive thing. In my opinion, it is a mark against the cachaça.

Type – The labels tell us if the cachaça is cachaça; that is, if it is white (new), aged (in its six forms) or sweet. The correct thing would be to say "new cachaça", instead of "white", because, as we explained, if the aging was done for only a short time in an almost neutral wood, like peanut, *jequitibá-rosa*, amburana (or umburana) of the North East, the chemical composition and the flavour of the *pinga* is modified, but the colour is not altered. When nothing is specified on the label, the cachaça is white, new. As well as the obligation of the label to inform about the type of product – "cachaça", "aged cachaça" or "sweet cachaça" – the label, or the back label, can also declare: if the aged cachaça had caramel added to correct its colour; if, the white (new) cachaça rested (for less than six months) in neutral wood; or if aged in a particular wood, rested in neutral wood before this process, immediately after its creation. The

traz a inscrição "Fabricada no Engenho Tal..."; ou "Fabricada pela Destilaria X, Fazenda Y"; ou, ainda, "Fabricada por Fulano de Tal" ou "pela família Z". Ou, então, o rótulo e o contra-rótulo informam que se trata de "cachaça de alambique" ou "fabricada em alambique de cobre" ou "mosto da cana-de-açúcar destilado em alambique de cobre". Não é difícil identificar o modo de produção de uma cachaça. Outro sinal são as informações "standardizada" e/ou "adoçada". Quando no rótulo você ler uma dessas palavras, a pinga é industrial. Se ela é standardizada, significa que é o resultado da soma de diversas cachaças de várias origens, que, misturadas, foram colocadas num determinado padrão químico de graduação alcoólica, sabor e coloração.

Matéria-prima – Há alguns anos, surgiu o aproveitamento da cana-de-açúcar orgânica, isto é, cultivada sem agrotóxicos, sem defensivos agrícolas, para ser usada como matéria-prima para a fabricação da cachaça. O fato de uma cachaça ser orgânica não lhe confere qualidade superior ou excelência, pois se o fabricante não souber fazer uma cachaça dessa categoria, não adianta utilizar matéria-prima "limpa", reciclar e reutilizar subprodutos na própria cadeia produtiva, não usar produtos químicos em todas as fases etc. Não será a condição de "orgânicas", de "ecologicamente corretas", da cana e da cachaça, livres de produtos químicos, que dará superioridade da primeira sobre a matéria-prima cultivada por métodos convencionais, ou excelência à segunda sobre outras pingas artesanais.

Destilação – A quase totalidade das cachaças artesanais e industriais é proveniente de uma única destilação. As cachaças com duas ou mais destilações anunciam esta condição no rótulo ou no contra-rótulo, como se fosse uma vantagem. O que, na verdade, é um defeito.

Tipo – Os rótulos informam se a cachaça é cachaça, isto é, se é branca (nova), ou envelhecida (nas suas seis formas), ou adoçada. O correto seria dizer "cachaça nova", em vez de "branca", porque, como já explicamos, se o envelhecimento for feito por pouco tempo em uma madeira quase neutra, como o amendoim, o jequitibá-rosa, a amburana do nordeste, a composição química e o sabor da pinga se modificam, mas a cor pode não se alterar. Quando nada constar no rótulo, a cachaça é branca, nova. Além da obrigatoriedade de o rótulo informar sobre o tipo do produto – "cachaça", "cachaça envelhecida" e "cachaça adoçada" –, ele ou o contra-rótulo poderá informar, complementarmente: se à envelhecida foi adicionado caramelo para correção da cor; se, mesmo sendo branca (nova), descansou (repouso por menos de seis meses) em madeira neutra; ou, se envelhecida em determinada madeira, antes desse processo, se descansou em madeira neutra, logo após o seu nascimento. As normas de rotulagem da cachaça não são rigorosamente cumpridas pelos fabricantes.

standards of bottling of cachaça are not rigorously applied by producers. "Azulada" (pale blue) is a typical *pinga* from Paraty, being produced for over 200 years. Treated as a new cachaça, which is different only in colour, it is distilled with leaves of the tangerine tree. There is no alteration in taste. In the North East, following the famous "Azulada de Paraty", some "*azuladas*" and "*azuladinhas*" survived into the twentieth century. Today, these names are transformed into brands, even of white cachaças.

Age(if aged) – Register the time of aging of the cachaça which is on the label or back label. If the information is not available, obtain it later from another source. Strictly speaking, according to legislation, only labels of "Premium Cachaça" and of "Extra Premium Cachaça", that is, beverages with 100% aging in wood (without the part of up to 50% of its total volume of new cachaça), can declare their age or time of aging. If there is a mixture of "Premium Cachaça", "Premium Aguardente", "Extra Premium Cachaça" and "Extra Premium Aguardente", the label will declare the age of the product according to the smallest aging time. If the mixture is only with "Extra Premium Cachaça" and "Extra Premium Aguardente", then a weighted average of the two aging times will be taken. I do not believe that any cachaça is still cachaça after more than four years resting in wood – even if the wood is almost neutral or is a stronger wood that has been cured or treated. The wood, I repeat, is like seasoning – intended to be an alternative to the new, white and fresh cachaça. The aging process should not make the cachaça lose its nature as an *aguardente* of sugar cane. Aged cachaça is not wood alcohol or alcohol mixed with wood.

Wood(s) – Not all cachaças give information on the back label about the wood or woods in which the cachaça was stored during the aging process. And they are not obliged to declare it. The exception to this is cachaça stored in a wood receptacle which does not meet the criteria defined in legislation for aging. Then the label must use the expression "Stored in (type of wood)". That is, for cachaça that does not follow the concepts and established processes for the types "Aged", "Premium" or "Extra Premium", this disclosure is obligatory. From this we can deduce then that "Special Reserve" must declare the type of wood used. To summarise, if either the label or back label states the name of the wood in which the cachaça rested, note it down. If the information is more complete, referring also to "rest", prior to the properly named aging, then register everything. If there is nothing mentioned about wood on the labels, look for more information about the beverage elsewhere. Below is a list of the woods most commonly used for aging cachaça, together with their properties and influences on the colour, smell and taste of cachaça.

"Azulada" é uma pinga típica de Paraty, com mais de duzentos anos. Trata-se de uma cachaça nova, cuja diferença está apenas na cor: foi destilada com folhas de tangerina. Não há alteração no gosto. No Nordeste, no rastro da célebre "Azulada de Paraty", vingaram, no século XX, algumas "azuladas" e "azuladinhas". Hoje, essas denominações se transformaram em marcas, mesmo de cachaças brancas.

Idade(se envelhecida) – Registre a idade de envelhecimento da cachaça, que vem no rótulo ou no contra-rótulo. Se a informação não estiver disponível, obtenha a informação a *posteriori* em outra fonte. A rigor, segundo a legislação, somente dos rótulos da "Cachaça Premium" e da "Cachaça Extra Premium", isto é, bebidas com 100% de envelhecimento em madeira (sem parte de até 50% do seu volume total de cachaça nova), pode constar a sua idade ou o seu tempo de envelhecimento. Se houver mistura entre "Cachaça Premium", "Aguardente Premium", "Cachaça Extra Premium" e "Aguardente Extra Premium", o rótulo informará a idade do produto com menor tempo de envelhecimento. Se a mistura for somente entre a "Cachaça Extra Premium" e a "Aguardente Extra Premium", será registrada no rótulo uma média ponderada das idades dos produtos da mistura. Eu não acredito que nenhuma cachaça continue cachaça com mais de quatro anos na madeira. Mesmo sendo uma madeira quase neutra ou outra mais forte, ainda que curtida, tratada. A madeira, repito, será um tempero, uma alternativa à cachaça nova, branca e fresca. O envelhecimento não deve fazer com que a cachaça abandone a sua natureza de aguardente de cana-de-açúcar. Cachaça envelhecida não é um álcool de madeira, ou um álcool misturado à madeira.

Madeira(s) – Nem todas as cachaças informam no seu contra-rótulo a madeira ou as madeiras em que a cachaça foi armazenada no seu processo de envelhecimento. E a inscrição não é obrigatória. A exceção fica para a cachaça armazenada em recipiente de madeira que não se enquadre nos critérios definidos na legislação para o envelhecimento. Esta, sim, é obrigada a trazer no rótulo a expressão "Armazenada em..." (madeira tal). Isto é, para a cachaça que não se enquadrar nos conceitos e processos estabelecidos para os tipos "Envelhecida", "Premium" ou "Extra Premium", está prevista esta obrigatoriedade. Deduz-se, então, que a "Reserva Especial" deva informar a madeira. Em resumo: se o rótulo ou contra-rótulo trouxer o nome da madeira na qual a cachaça repousou, anote. Se a informação for mais ampla, referindo-se também ao "descanso", prévio ao envelhecimento propriamente dito, registre tudo. Se nenhuma inscrição houver, procure se informar mais sobre a bebida que você está degustando. A seguir, um rol das madeiras mais utilizadas para o envelhecimento da cachaça, suas propriedades e influências sobre a cor, o aroma e o gosto da cachaça.

Amburana (also known as *imburana, umburana, cumaré, imburana-de-cheiro*; *amburana-do-sertão, amburana-das-caatingas, cerejeira* (cherry), *cereja-galega, cereja-dos-passarinhos, cerejeira-da-europa*) – A strong, aggressive wood, that overly alters the cachaça. It lowers the acidity and level of alcohol. The cachaça becomes more suave, but if the receptacle is not first cured or technically treated, or the aging was not honestly done, it is unrecognisable; no one would know what beverage it was. The variety *amburana-do-sertão*, or *amburana-das-caatingas*, is the opposite of *imburana-de-cheiro*, much coveted in the state of Minas Gerais. This variety, unlike the others in this group, is an almost neutral wood, like peanut and *jequitibá-rosa*. It is used to transport water in the North East of Brazil and is starting to be used to age cachaça in the region.

Amendoim (Peanut) – A rare wood, under threat of extinction, with its extraction now prohibited or controlled by law, may still be found in the states of Paraná, São Paulo, Rio de Janeiro and Minas Gerais, generally in reserves or forest parks. In my opinion, it is the noblest of woods suitable for aging cachaça – the best, the queen of woods. It does not transform the cachaça into another beverage or to a beverage resembling cachaça. It only enhances the character, the organoleptic characteristics of cachaça, without significantly modifying it. Cured and prepared for use, peanut wood performs true aging: revealing and accentuating the virtues of cachaça, showing the soul of *pinga*. The colour may change slightly to a very clear, pale yellow. The aroma and taste of true cachaça – the perfume and flavour of sugar cane – are preserved. Peanut lowers the acidity and level of alcohol a little, maintaining the character and integrity of the Brazilian beverage, in its singularity as a strong, rustic and unique distillate.

Angelim-araroba (also known as *angelim-coco, pau-pintado, angelim-doce, urarama, angelim-do-pará, angelim-pedra, angelim-rosa, angelim-rajado, angelimpinima, angelim-de-espinho, angelim-de-folha-larga, acapu*) – An aggressive species. It yellows the cachaça, giving it an accentuated taste of wood. The tree is common in the states of Bahia, Rio de Janeiro and Minas Gerais.

Amburana(imburana, umburana, cumaré, imburana-de-cheiro; amburana-do-sertão, amburana das caatingas, cerejeira, cereja-galega, cereja-dos-passarinhos, cerejeira-da-Europa) – Madeira forte, agressiva, que altera demasiadamente a cachaça. Baixa a acidez e diminui o teor alcoólico. A cachaça fica mais suave, porém, se o recipiente não for curtido ou tecnicamente tratado, ou o envelhecimento não for honesto, ela fica irreconhecível; ninguém saberá que bebida é aquela. A amburana do sertão ou amburana das caatingas é a antítese da imburana de cheiro, muito cobiçada em Minas. Madeira quase neutra, semelhante ao amendoim e ao jequitibá-rosa, é usada para transportar água no Nordeste e começa a ser utilizada para envelhecer cachaça na região.

Amendoim – Madeira em extinção, hoje rara, de extração proibida ou controlada em lei, ainda encontrada no Paraná, São Paulo, Rio de Janeiro e Minas Gerais, geralmente em reservas ou parques florestais. A mais nobre das madeiras próprias ao envelhecimento. Na minha opinião, a melhor, a rainha das madeiras. Ela não transforma a cachaça em outra bebida ou numa bebida parecida com a cachaça. Apenas assenta o caráter, as características organolépticas da cachaça, sem modificá-la significativamente. Curtida, preparada para o envelhecimento, esta madeira realiza o verdadeiro envelhecimento: revela e acentua as virtudes da cachaça, exibe a alma da pinga. A cor pode ser levemente alterada para o amarelo muito claro, pálido. O aroma e o gosto da verdadeira cachaça, isto é, o perfume e o sabor da cana, são preservados. O amendoim baixa um pouco a acidez e o teor alcoólico da cachaça, mantendo o caráter, a integridade da bebida brasileira, a sua singularidade de destilado forte, rústico, único.

Angelim-araroba(angelim-coco, pau-pintado, angelim-doce, urarama, angelim-do-Pará, angelim-pedra, angelim-rosa, angelim-rajado, angelimpinima, angelim-de-espinho, angelim-de-folha-larga, acapu) – Espécie agressiva. Amarela a cachaça, dando-lhe gosto acentuado de madeira. Árvore comum na Bahia, Rio de Janeiro e Minas Gerais.

Bálsamo(cabriúva-do-campo, cabriúva, cabriúva-parda, cabrué, cabureíba, óleo-cabureíba, óleo-pardo, pau-bálsamo) – De cor pardo-escura, com

Bálsamo(Balsam) (also known as *cabriúva-do-campo, cabriúva, cabriúva-parda, cabrué, cabureíba, óleo-cabureíba, óleo-pardo, pau-bálsamo*) – This wood has a dark brown colour, with reddish tones and is aromatic, heavy and resistant. It is aggressive, yellowing the cachaça, altering it a lot and giving it a strong taste. Badly used, it creates another beverage, with the smell of woodwork and the taste of wood extract with alcohol. However, if treated adequately in a solid aging process, it is a wood of value. I know only one cachaça aged in Balsam, originating from the state of Minas Gerais, not famous or known in the media, that is supreme, the product of an honest and exquisite process, in contrast to the hundreds of others stored in this wood, from the same state, that are truly unrecognisable.

Carvalho(Oak) – A hard European wood, pale yellow in colour, used in the construction industry and in the aging of distillates and wines since ancient times. Oak barrels for brandy, cognac and wine were brought by the Portuguese to Brazil in the sixteenth century, when they began to be used to store Brazil's cachaça. Today, producers, bottlers and distributors buy barrels that had previously used to age whiskey, cognac, wine, etc. from distilleries in Brazil and Europe. These are then reused for aging cachaça. The poor, incorrect and indiscriminate use of oak is the result of ignorance and mindless imitation. I am not saying that oak is not a noble wood for the aging of distillates like cachaça. Centuries have proved its nobility. I have nothing against oak, but against the small-minded, short-sighted use of it, against those who do not know how to age cachaça, who think that to age is to colour and transform the cachaça into a liquid that smells and tastes of wood. Cachaças aged in oak that remain true cachaças – that have not had their nature and basic characteristics totally altered – are rare. There are three or four marvellous oak-aged cachaças in existence, which are a clear gold colour, soft and lightly sweetened; very rare; precious.

Castanheira(Chestnut) (also known as *castanheira-do-pará*) – It is considered to be the Brazilian wood with properties closest to oak,

tons avermelhados, é madeira aromática, pesada e resistente. Agressiva, amarelece a cachaça, alterando-a bastante, dando-lhe gosto forte. Mal utilizada, cria uma outra bebida, com cheiro de marcenaria e gosto de extrato de madeira com álcool. No entanto, se tratada adequadamente num envelhecimento criterioso, é recipiente de valor. Conheço apenas uma cachaça, envelhecida em bálsamo, originária das Minas Gerais, sem mídia e sem fama, que é suprema, filha de processo honesto e primoroso, ao contrário de centenas de outras armazenadas nessa madeira, do mesmo estado, que são verdadeiros remédios, irreconhecíveis.

Carvalho – Madeira européia, pardacenta, dura, usada na construção em geral e no envelhecimento de destilados e vinhos desde a Antiguidade. Pipas de carvalho com bagaceira, conhaque, vinho foram trazidas pelos portugueses para o Brasil, a partir do século XVI, quando começaram a ser utilizadas para guardar a nossa cachaça. Atualmente, os fabricantes, engarrafadores e distribuidores compram barris de destilarias nacionais e do exterior, que já foram usados no envelhecimento de uísque, conhaque, vinho etc., aqui e na Europa, e do *bourbon* nos Estados Unidos, para reutilizarem no envelhecimento da cachaça. O mau uso, incorreto, indiscriminado e equivocado do carvalho, sem obediência às normas básicas do envelhecimento, sem nenhum critério técnico, é uma praga que grassa no País, de norte a sul, e, como já explicamos, resulta da ignorância e é próprio de um mimetismo tolo. Não afirmamos que o carvalho não seja uma nobilíssima madeira para o envelhecimento de destilados, como a cachaça. Os séculos provam a nobreza da madeira. Nada contra o carvalho, mas, sim, contra a unanimidade burra e míope, contra os que não sabem envelhecer cachaça, os que acham que envelhecer é tingir, transformar a cachaça num líquido com cheiro e gosto de madeira. São raríssimas as cachaças envelhecidas no carvalho que continuam cachaças, que não tiveram a sua natureza e características básicas quanto ao aroma e ao sabor totalmente violentadas. Existem três ou quatro cachaças maravilhosas envelhecidas no carvalho, de cor

whose effects over cachaça most resemble the effects of the European species. Well utilised, it makes the cachaça more suave, with a light sweet taste and yellow colour. Some detect a slightly bitter aftertaste.

Eucalipto(Eucalyptus) – A great novelty, revealed by universities and institutions researching about the advantage of using native woods or those adapted to Brazilian conditions. Initial findings, using various types of eucalyptus, indicate results in cachaça similar to oak, but there remains the need for more in-depth chemical and sensorial analysis.

Garapa(also known as *jataf-garapa, grápia, amarelinha, garapa amarela, garapiapunha*) – A wood that, treated well and used correctly, is one of the best for aging. It reduces the acidity and level of alcohol of the cachaça, makes it lighter, more suave and maintains its original colour. Some qualify cachaça aged in garapa as similar to that stored in cured oak.

Ipê(also known as *pau-d'arco, peúva, peroba-do-campo, ipê-da-serra, ipê-amarelo-da-serra, ipê-caboclo, ipê-mamono, pau-d'arco-roxo, ipê-rosa, ipê-roxo, ipê-tabaco, ipê-amarelo*) – With wood extremely resistant to decomposition, the ipê is considered to be a national tree of symbolic importance equivalent to *pau-brasil* (Brazilwood). A naturally aggressive wood, it transforms the cachaça a lot, softening it and giving it an orange tone. Species are found in the Amazon Forest, the Cerrado region and the state of Rio de Janeiro.

Jequitibá(also known as *jequitibá-vermelho, jequitibá-branco, jequitibá-rosa*) – A wood as noble as the peanut tree for use in the aging of cachaça, it results in almost no alteration in colour. The cachaça becomes a little softer and less acidic, enhancing its organoleptic characteristics. It can be found from the north east to the south of the country.

Freijó(Brazilian Walnut) (also known as *frei Jorge, quiri*) – A wood that, cured or adequately treated, matches the peanut or *jequitibá-rosa*.

Louro(Laurel) (also known as *louro-canela*) – It is aromatic and has an active taste. For this reason it is considered dangerous for the aging of cachaça. I tasted *pinga* from Rio Grande do Norte aged in louro-canela (cinnamon

ouro claro, macias e levemente adocicadas. Raríssimas. Preciosidades.

Castanheira(castanheira-do-pará) – Considerada a madeira brasileira de propriedades mais próximas ao carvalho, cujos efeitos sobre a cachaça mais se assemelham à espécie européia. Bem utilizada, confere suavidade, leve gosto adocicado e cor amarelada à bebida. Alguns detectam um "amorgozinho" no final do gole.

Eucalipto – A grande novidade dos estudos das universidades e instituições de pesquisa sobre o aproveitamento de madeiras nativas ou adaptadas às condições brasileiras. As primeiras pesquisas com diversos tipos de eucalipto indicaram resultados na cachaça semelhantes ao carvalho, restando ainda o aprofundamento nas análises químicas e sensoriais.

Garapa(jataf-garapa, grápia, amarelinha, garapa-amarela, garapiapunha) – Madeira que, bem tratada e utilizada corretamente, é uma das melhores para o envelhecimento. Reduz a acidez e o teor alcoólico da cachaça, que fica mais leve e suave, mantendo a sua cor original. Alguns qualificam a cachaça envelhecida na garapa como semelhante àquela armazenada no carvalho curtido.

Ipê(pau-d'arco, peúva, peroba-do-campo, ipê-da-serra, ipê-amarelo-da-serra, ipê-caboclo, ipê-mamono, pau-d'arco-roxo, ipê-rosa, ipê-roxo, ipê-tabaco, ipê-amarelo) – De lenho muitíssimo resistente à putrefação, o ipê é considerado árvore nacional de importância simbólica equivalente ao pau-brasil. Madeira naturalmente agressiva, transforma muito a cachaça, que recebe tom alaranjado e maciez. Suas espécies estão na Floresta Amazônica, Cerrado e estado do Rio de Janeiro.

Jequitibá(jequitibá-vermelho, jequitibá-branco, jequitibá-rosa) – Madeira tão nobre quanto o amendoim para o envelhecimento da cachaça. Quase não altera a sua cor. A cachaça fica um pouco menos ácida, mais macia, assentando as suas características organolépticas. Encontrada do nordeste ao sul do país.

Freijó(frei-jorge, quiri) – Madeira que, curtida ou adequadamente tratada, equipara-se ao amendoim e ao jequitibá-rosa.

Louro(louro-canela) – Naturalmente perigosa, porque aromática e de gosto ativo. Mas degus-

laurel) and was enchanted. The delicate taste and subtlety of the cinnamon only leaves its impression on the palate in the final swallow, discretely. It lowers the alcohol level and acidity of the cachaça. This proves that almost all woods, used honestly, following good recommendations and technical criteria, can perform true and effective aging.

Palha(Bolivian Oak) (also known as *carvalho-da-bolívia*) – Some barrel makers and producers from the state of Minas Gerais informed me that the wood fools those who wish to have cachaça aged in oak, mainly tourists. But, for those who know their cachaça, the imitation is clumsy.

Pereira(Pear) (also known as *acarirana, pau-pereira, pau-forquilha, quinarana*) – Wood that has no function in carpentry and woodwork, its bitter bark has medicinal use and is used in the infusion of cachaças. In aging, it is extremely aggressive, de-characterising the cachaça completely.

Pinheiro do Paraná(Pine) – A wood for tourists. Barrels and casks, sold on the sides of streets, are coated with resin inside, have no effect on *pinga*. It only has aesthetic and decorative value.

Sassafrás(also known as *canela-sassafrás*) – The wood overly attacks the cachaça, which becomes brown and strong in taste.

Vinhático(also known as *vinhático-da-mata, vinhático-do-campo, vinhático amarelo, arranhagato*) – An almost neutral wood, it gives a golden yellow colour to the cachaça, and only slightly interferes with the smell and taste.

The following woods are also used in the aging of cachaça:

acapu alecrim-rosa angélica angico araribá(also known as *ariribá*) arco-de-pipa arco-de-pipa-miúdo aroeira bacuri bicuíba canela capicuim carvalho brasileiro(also known as *carne-de-vaca*) catamuja cedro faveiro gonçalo-alves jatobá(also known as *jatobá-pequeno*) louro-freijó maçura mangue-vermelho marmeleira-do-mato muiracatiara mutamba(also known as *araticum-bravo*) parda pau-cepilho pereira-folha-de-lobo peroba(also known as *peroba-do-campo, peroba-rosa, peroba-amarela, peroba-amargosa, peroba-de-campos*) pinho piorra piquiá rapicuim tapinhoam

tei pinga do Rio Grande do Norte envelhecida no louro-canela e fiquei encantado: o gostinho delicado e sutil da canela só impressiona o paladar no final do gole, discretamente. Baixa o teor alcoólico e a acidez da cachaça. Isto prova que quase todas as madeiras, usadas com honestidade, segundo as boas recomendações e critérios técnicos, proporcionam envelhecimento verdadeiro e eficaz.

Palha(carvalho-da-bolívia) – Alguns tanoeiros e fabricantes de Minas me informam que a madeira engana os que desejam cachaça envelhecida em carvalho, principalmente os turistas. Mas, para quem entende, a imitação é tosca.

Pereira(acarirana, pau-pereira, pau-forquilha, quinarana) – Madeira sem serventia para a carpintaria e marcenaria, sua casca amarga tem uso medicinal e na infusão de cachaças. No envelhecimento, é extremamente agressiva, descaracterizando completamente a cachaça.

Pinheiro do Paraná – Madeira para turista. Barris e tonéis, vendidos na beira das estradas, são resinados por dentro, sem efeito sobre a pinga. Apenas valor estético e decorativo.

Sassafrás(canela-sassafrás) – A madeira agride demasiadamente a cachaça, que fica marrom e com gosto forte.

Vinhático(vinhático-da-mata, vinhático-do-campo, vinhático-amarelo, arranha-gato) – Madeira quase neutra, dá cor amarelo-ouro à cachaça, interferindo, minimamente, no seu aroma e gosto.

Também são utilizadas para o envelhecimento da cachaça, as seguintes madeiras:

acapu alecrim-rosa angélica angico araribá(ariribá) arco-de-pipa arco-de-pipa-miúdo aroeira bacuri bicuíba canela capicuim carvalho brasileiro(carne-de-vaca) catamuja cedro faveiro gonçalo-alves jatobá(jatobá-pequeno) louro-freijó maçura mangue-vermelho marmeleira-do-mato muiracatiara mutamba(araticum-bravo) parda pau-cepilho pereira-folha-de-lobo peroba(peroba-do-campo, peroba-rosa, peroba-amarela, peroba-amargosa, peroba-de-campos) pinho piorra piquiá rapicuim tapinhoam

Secondary industrial process – Make a note if it is standardised – the result of a mixture of cachaças from various origins. If a mixture of fruit juices, diverse extracts or other substances have been added, or if it has been infused or aromatised with herbs, fruits, wood, seeds or other substance.

Date of production(harvest) – The label or back label could give the year of production or of bottling. The date constitutes only a piece of information, a curiosity, but does not determine the quality of the beverage, in terms of new compared to old, because, contrary to wine, there are no important changes in the quality of sugar cane from one harvest to another, no physical, chemical or enzymatic alterations happening within the cachaça inside the bottle.

Lot and bottle(number/notation) – Some producers are accustomed to numbering bottles and identifying lots at the moment of bottling. For the taster, noting this down will serve as a record to identify some colour, aroma or perceived flavour in the bottle that is strange or below the expected standards of a particular brand. The bottling can include volumes of different alembic distillations, even of different harvests. As a result it is difficult to declare that the cachaça from bottle X of Lot Y belongs to the alembic distillation of day Z, from harvest W, in year K. But, note that, by law, "Special Reserve" cachaças have their lots and bottles numbered sequentially.

Sugar cane – Sometimes, though rarely, a cachaça will provide information of the type or species of the sugar cane used in its production. If it is given, make a note of it on the tasting form.

Alcohol level – Register the alcohol level, which should be, according to legislation, between 38% and 48% of volume at a temperature of 20° Celsius. If it has 48.1% to 54%, it is not "cachaça", but "*aguardente* of sugar cane". The majority of consumers, however, continue to call a beverage with this higher level of alcohol level as cachaça, *pinga* or *cana*.

Producer(name and place) – Write the name of the producer of the cachaça, non-industrial or industrial. The producer is responsible for the product that you are tasting. Make a note of their name on the form; you will not forget them, just as you will not forget the brand. If they are approved in your evaluation and they make more than one brand or type, they will gain consumer fidelity. If they are rejected, you will never want to read or hear their name again.

Bottled by – Professionals on the production chain are most likely to do the bottling when the cachaça is produced industrially. This is sometimes the case when produced non-industrially, but is rarer. Normally, the bottler is the same person who does the standardisation and distribution.

Standardised by – Company that standardises cachaças from various origins, balancing the colour, alcohol level and taste.

Processo industrial secundário – Anote se ela é standardizada, resultado da mistura de cachaças de várias origens. Se ela é composta, misturada a sucos de frutas, extratos diversos ou a outras substâncias. Se ela sofreu infusão ou foi aromatizada com ervas, frutas, madeira, sementes ou outra substância.

Data da fabricação(safra) – O rótulo ou contra-rótulo poderá trazer o ano da fabricação ou do engarrafamento. A data constitui apenas uma informação a mais, uma curiosidade, mas nada que determine a qualidade da bebida, tanto da nova quanto da envelhecida, pois, ao contrário do vinho, não há mudanças importantes na qualidade da cana de uma safra para outra, nem alterações físicas, químicas ou enzimáticas da cachaça dentro da garrafa.

Lote e garrafa(numeração) – Alguns fabricantes costumam numerar garrafas e identificar lotes no momento do engarrafamento. Para o degustador, o registro servirá como registro histórico ou para identificar alguma cor, aroma ou sabor percebido numa garrafa, que seja estranho ou impróprio ao padrão de determinada marca. Um engarrafamento pode abranger volumes de diferentes alambicadas, até de safras diferentes. Daí a dificuldade de se afirmar que a cachaça da garrafa X do lote Y pertence à alambicada do dia Z, da safra W, do ano K. Mas, atenção: por lei, as cachaças do tipo "Reserva Especial" têm seus lotes e garrafas numeradas seqüencialmente.

Cana – Raramente, uma cachaça informará o tipo, a espécie ou espécies de cana-de-açúcar utilizadas no seu fabrico. Mas, se o fizer, escreva na ficha de degustação.

Graduação alcoólica – Registre a graduação que deve ficar, segundo a legislação, entre 38% e 48% ao volume a uma temperatura de 20° Celsius. Se tiver de 48,1% a 54%, não será "cachaça", mas "aguardente de cana-de-açúcar". O povo, porém, não deixará de chamar de cachaça, pinga ou cana a bebida com esse teor mais elevado.

Fabricante(nome e lugar) – Escreva o nome do fabricante da cachaça, artesanal ou industrial. Ele é responsável pelo produto que você irá degustar. Gravado na ficha, você não se esquecerá dele, assim como da marca da cachaça. Se ele for aprovado na sua avaliação e fabricar mais de uma marca ou tipo, ganhará um consumidor fiel. Se reprovado, você nunca mais quererá ler ou ouvir o seu nome.

Engarrafador – Personagem da cadeia produtiva mais comum quando a cachaça é industrial. Pode existir, também, na "indústria artesanal", porém é mais raro. Normalmente, o engarrafador é quem faz a standardização e a distribuição.

Standardizador – Empresa que padroniza cachaças de várias origens, equalizando cor, teor alcoólico e gosto.

Distribuidor – Agente que coloca a cachaça no mercado. Comum na indústria. As artesanais, na sua maioria, não trazem o

Distributed by – The agent who puts the cachaça out on the market. Usually within the industry. The non-industrial producers, on the whole, do not put a name on the label. This is because the alembic distillery usually bottles and distributes the cachaça, or goes directly to the points of sale, or through secondary distributors that buy the finished product (bottled, labelled and taxed).

Closing system – Cork is still the best closing mechanism that exists. Portuguese cork is the most effective and durable. It avoids evaporation of alcohol and of other volatile elements. But, actually, the aluminium screw cap, more practical and economical for the producer and for the consumer, has replaced the cork and metal cap of the past. The quality of the cachaça is not compromised by this change.

Measuring tip(dropper/pipette) – I do not take pleasure in cachaça or any distillate using a dropper or pipette. I prefer the so-called "*bocão*" (big mouth) or open throat. Cachaça, as any beverage, should not undergo shakes or earthquakes when served. The taster, the intelligent drinker, knows how to hold the chalice or the glass. To serve delicately is one of the ritual acts of tasting.

Date of purchase – If you bought the cachaça, note the date of purchase. It will be important information, a reference to remember the brand and circumstances of the tasting.

Place of purchase – Register the name of the place, shop, store, distillery, supermarket, where you bought the cachaça. And, also, the district, city, municipal and state.

Price – How much did it cost? It should not be this way, but the price you paid will have weight when you are evaluating the sensorial quality of the cachaça. Heavy, if you paid a lot for a poor *pinga*. The right weight if it is a superior cachaça and you conclude that it was worth it.

Recommended by – What person, newspaper, magazine, website, blog, radio, television publicity or marketing campaign recommended the brand to you? Make a note, as it is a reference to remember. The person could become a friend, a closer, dearer friend, a blessed unforgettable figure; or you may consider them a perfect idiot, an enemy, a liar or a criminal. It will all depend on your final evaluation of the cachaça! Note the name of the person. To curse or to eternally bless!

Gift from – Did you receive the cachaça as a present? From whom? And why? Another reference for you to remember the divine, mediocre or dreadful *pinga*.

Other characteristics – Mark down any characteristics, details, circumstances or qualities of the cachaça, that go beyond the regular and necessary information required. Make personal or passing comments which result from your relationship with established brands. They will earn a place in your memory for you to return to taste them again or reject them forever.

In the bottling phase at Cachaça Samanaú, in Caicó, in the state of Rio Grande do Norte, Brazil, workmanship continues. Hygiene, precision and safety in washing, filling, labelling, bottle closing and packaging do not preclude manual labour.

No engarrafamento da Cachaça Samanaú, em Caicó, RN, Brasil, o artesanato continua: a higiene, precisão e segurança na lavagem, enchimento, rotulagem, vedação e embalagem dos recipientes não dispensam o trabalho manual.

A verdadeira cachaça -
de aroma e gosto peculiar, rústico e fascinante -
é branca, nova e fresca.

True cachaça –
with a peculiar, rustic and fascinating aroma and taste –
is white, new and fresh.

seu nome no rótulo, pois o alambiqueiro é quem engarrafa e distribui, ou diretamente aos pontos de venda, ou através de distribuidores secundários que já compram o produto acabado, isto é, engarrafado, rotulado e tributado.

Vedação – A rolha de cortiça ainda é o melhor vedante que existe. A cortiça portuguesa, a mais eficaz e durável. Evita a evaporação do álcool e de outros elementos voláteis. Mas, atualmente, a tampa de alumínio, de rosca, mais prática e econômica para o fabricante e para o consumidor, tem substituído a cortiça e a chapinha do tempo dos nossos avós. Nada comprometedor.

Conta-gotas(doseador) – Não me agrada cachaça ou qualquer destilado com conta-gotas doseador. Prefiro o chamado "bocão" ou gargalo livre. Cachaça, qualquer bebida, não deve sofrer saculejos, terremotos, para serem servidas. O degustador, o bebedor inteligente sabe o quanto colocar no cálice ou no copinho. Servir delicadamente é um dos atos do ritual da degustação.

Data da compra – Se você comprou a cachaça, anote a data da operação. Será uma informação importante, uma referência para se lembrar da marca e relacioná-la às circunstâncias da degustação.

Local da compra – Registre o nome do lugar, loja, armazém, destilaria, supermercado, onde você comprou a cachaça. E, também, o distrito, a cidade, o município, o estado.

Preço – Quanto custou? Não deveria ser assim, mas o preço que você pagou terá um peso na hora de você avaliar a qualidade sensorial da cachaça. Um peso maior, se você pagou caro e for uma pinga ruim. Um peso exato, se for uma cachaça superior e você concluir que valeu a pena.

Recomendada por – Quem foi a pessoa, jornal, revista, *site*, *blog*, rádio ou tv, publicidade ou *marketing* que lhe recomendou aquela marca? Uma referência para a memória. O personagem poderá se transformar em amigo, em amigo mais querido ainda, em figura bem-aventurada, inesquecível, em anjo, ou num idiota perfeito, inimigo, pulha ou facínora. Vai depender da sua avaliação final sobre a cachaça. Anote o nome da pessoa. Para amaldiçoá-la ou para bendizê-la eternamente, orar pela sua felicidade ou pela sua bondosa alma.

Presente de quem? – Você ganhou a cachaça de presente? De quem? E por quê? Outra referência para você não esquecer da divina, medíocre ou maldita pinga.

Outras características – Assinale alguma característica, detalhe, circunstância ou qualificativo da cachaça, além daquelas informações regulares e indispensáveis. Faça comentários marginais, pessoais, decorrentes da sua relação com a marca provada. Valerá para localizá-la na memória, para voltar a degustá-la ou para rejeitá-la sempre.

Visual impressions(bottle, colour and appearance) – At the start of the tasting session, everything starts with the eyes. As it is in looking, that desire and thirst begin. "I looked, I saw and liked what I saw" or "I looked, I saw and I didn't like what I saw". You already contemplated the bottle, its design and functionality and already examined and noticed the label and back label, noting all the objective information about the cachaça. Return to page 108 "Tasting – step by step" to practice fully the vision compared to the contents of the bottle, in the act of tasting. Lift the bottle, then the chalice or small glass against the light to observe and judge the colour, appearance and viscosity. Your visual perception attributes a mark or grade between 0.0 and 1.0, or it can contribute a maximum of 10% of the final grade in the evaluation of the cachaça. These are some qualifying methods I suggest for your making your visual impressions. You can use various or others I have not listed:

The bottle(including closing system, label and back label, packaging): pretty, charming, delicate, sensual, characteristic of cachaça, functional, practical, attractive, inviting, persuasive, communicative, harmonious, emotional, pleasing, feminine, masculine, ugly, strange, neutral, soulless, happy, sad, aggressive, and so on.

Colour and appearance: colourless, clean, clear, transparent, translucent, luminous, sunny, bright, diaphanous, cloudy, lacklustre, milky, with a head, dirty, pale yellow, golden-yellow, straw-coloured, golden, nut colour, brownish, reddish, dull, pretty, beautiful, brilliant, sticky, viscous, thin, ugly, streaky and so on.

Olfactory impressions(smell/aroma) – If you want to remember the way to breathe in cachaça return to page 108 on "Tasting – step by step". Grade it between 0.0 and 3.0. The mark you give contributes a maximum of 30% of the total grade in your final evaluation of the cachaça. According to science, the human brain can perceive about 2,000 aromas. Oenologists and *sommeliers* declare that they can register 300. For wine tasters, it is the biggest, most complex, even infinite sense. For tasters of cachaça, it is not so big. The "Traditional", new, white (colourless), fresh cachaça, rested for a maximum period of up to six months, only has one aroma: that of sugar cane. A single-odour beverage, it is simple, strong, and solid; it has character. If it is a medium *pinga* or of low quality, it would have a "bouquet", but a "bouquet" of bad, disgusting odours. When it is considered to be *pinga* that was stored in wood, in its various compositions, characteristics and ages ("Aged", "Silver", "Gold", "Premium", "Extra Premium" and "Special Reserve"), we can speak of the perfume of the beverage prevailing, and of two or three traces of aroma, created and

Impressões visuais(garrafa, cor e aparência) – É o início da degustação. Aqui tudo começa. Nos olhos, no olhar, começam o desejo e a sede. "Olhei, vi e gostei" ou "Olhei, vi e não gostei". Você já contemplou a garrafa, o seu design e funcionalidade, e já examinou, atenta e sensivelmente, garrafa, rótulo e contra-rótulo, anotando todas as informações objetivas sobre a cachaça. Agora, recorra à página 109 ("A degustação passo a passo") para ativar e exercer plenamente a visão quanto ao conteúdo da garrafa, no ato da degustação. Eleve a garrafa, depois o cálice ou o copinho, contra a luz, para observar e julgar cor, aparência e viscosidade. A sua percepção visual atribuirá uma nota de 0,0 a 1,0, ou seja, contribuirá, no máximo, com 10% na construção da nota final de avaliação da cachaça. Eis alguns qualificativos que sugiro para as suas impressões visuais. Você pode usar vários ou outros que não listei:

> **Quanto à garrafa**(incluindo vedação, rótulo e contra-rótulo, embalagem): bonita, charmosa, delicada, sensual, típica da cachaça, funcional, prática, atraente, convidativa, convincente, comunicativa, harmoniosa, emocionante, agradável, feminina, masculina, feia, esquisita, neutra, sem alma, alegre, triste, agressiva etc.
>
> **Quanto à cor e à aparência**: incolor, limpa, límpida, transparente, translúcida, luminosa, ensolarada, brilhante, diáfana, nebulosa, embaçada, turva, com jaças, suja, amarelo pálido, amarela, amarelo-ouro, cor de palha, dourada, castanho, amarronzada, meio-avermelhada, sem brilho, bonita, bela, ofuscante, viscosa, rala, feia, riscada etc.

Impressões olfativas(aroma) – Se quiser lembrar do modo como se inspira uma cachaça, retorne à página 109 ("A degustação passo a passo"). A sua nota irá de 0,0 a 3,0, isto é, contribuirá, no máximo, com 30% para a formação da nota final de avaliação da cachaça. O cérebro humano perceberia, segundo a ciência, cerca de dois mil aromas. Os enólogos e *sommeliers* afirmam que podem registrar trezentos. Para os degustadores de vinho, é a percepção mais ampla, mais complexa, infinita até. Para os degustadores de cachaça, nem tanto. A cachaça nova, branca (incolor), fresca, no máximo "descansada" por um período inferior a seis meses, denominada "Tradicional", só terá um aroma: o de cana. Bebida monoodorífica, ela é singela, forte, inteiriça, de caráter. Se for pinga mediana ou de baixa qualidade, terá, sim, um buquê, mas um buquê de maus cheiros, de odores aversivos. Já quando se considera a pinga que foi armazenada na madeira, em suas variadas composições, características e idades ("Envelhecida", "Prata", "Ouro", "Premium", "Extra Premium" e "Reserva Especial"), podemos falar do perfume da cana, prevalecente, e de mais dois ou três traços no aroma, criados e transformados pelas alterações nas características organo-

transformed by alteration of the beverage whilst in the barrel or cask. In truth, it is not possible to guarantee that the qualifying "Extra Premium" and "Special Reserve" generally offer this ideal olfactory standard that preserves the nature of "cachaça". This is because there is, as we saw, physical-chemical concentration: "over-matured cachaças". However, when many aromas are perceived to the point of identifying a "bouquet", I believe that we are dealing with "an aberration" of the cachaça: a violation against our dear cachaça, the death of its nature. Enjoy the very distinctive and exclusive seductive perfumes of both beverages: cachaça and aged cachaça. See below a few terms that can you can use to identify and describe what you are sensing:

Aroma of cachaça: smells of cane; smells of the sugar cane mill; smells of the sugar cane bagasse trampled by a donkey; remember the perfume of molasses; of *rapadura*; rustic; seductive; fantastic; intoxicating; fascinating; divine; great; excellent; perfect; marvellous; sensual; aggressive; greedy; provoking; splendid; soulful; royal; absolute; dangerous; honest; delicious; appetising; strong; charming; pleasing; gratifying; discrete; diabolical; superb; the best; indescribably good; tolerable; not bad; not good; not good, but not bad; odourless; drinkable; medium; alcoholic; acidic; smells of medicine; smells of solvents; smells of chemicals; smells of anything except cachaça; stinking; sickening; nauseating; stench-ridden; repulsive; horrible; terrible; putrid; lethal; and so on.

Aroma of aged cachaça: smells of sugar cane seasoned perfectly; smell has a touch of wood; divine, fantastic, smells of sugar cane with a subtle trace of wood; suave; delicate; marvellous; sensual; wild; emotional; charming; perfectly harmonious; *pinga* and wood; fruity; discrete; soulful; seductive; smells of herbs; intoxicating; splendid; unique; fascinating; great; delicious; excellent; perfect; pleasing; neutral; wild; drinkable; acidic; detestable chemical; stench mixed with wood; rancid; really bad; alcohol with wood; bad cachaça mixed with wood; smells of old books, smells of plastic, smells of pure wood; smells of aftershave; smells of medicine; sickening; furniture polish; and so on.

Gustatory impressions(taste, flavour) – It can send you to heaven, purgatory or hell – who knows? Let's try it, taste with intelligence and wisdom, this unknown and wanted cachaça. If you have doubts about how to go about this, go to page 108 (Tasting – step by step), to make sure that nothing is lost or goes awry. You should give the taste of the cachaça a mark between 0.0 and 6.0. The mark contributes a maximum of 60% of the total grade in your final evaluation of the cachaça.

lépticas da bebida, ocorridas no barril ou tonel. Na verdade, não posso garantir que os qualificativos "Extra Premium" e "Reserva Especial" ofereçam, generalizadamente, esse padrão olfativo ideal, que preserva o substantivo, a substância, a espécie "cachaça", pois são, como vimos, exageros, acumulações físico-químicas, "cachaças que passaram do tempo". Portanto, quando se percebem muitos aromas, a ponto de se identificar um buquê, creio que estamos diante de um "desvio de conduta", da cachaça e do envelhecedor, um crime de estupro contra a nossa amada cachaça, a morte da sua natureza. Delicie-se com os perfumes sedutores, peculiaríssimos, únicos, dessas duas bebidas: da cachaça e da cachaça envelhecida. A seguir, alguns termos que podem atender à sua sensibilidade olfativa. Você pode aplicar um deles ou várias definições e conceitos ao aroma da bebida, outro adjetivo ou qualificativo que julgar mais adequado:

Quanto ao aroma da cachaça: de cana; do ambiente do engenho de cana; de bagaço de cana pisado pelo burro; lembra o perfume do melado, da rapadura; rústico; sedutor; fantástico; inebriante; de tirar o padre do altar; fascinante; divino; ótimo; excelente; perfeito; melhor que criminoso rico na cadeia; maravilhoso; selvagem; sensual; agressivo; voraz; provocador; emocionante; orgástico; esplendoroso; melhor que político corrupto preso; tem alma; soberano; absoluto; perigoso; honesto; delicioso; conquistador; apetitoso; forte; caviloso; charmoso; agradável; discreto; diabólico; fatal; indescritivelmente bom; razoável; não é ruim; não é bom nem ruim; mais ou menos; não sou a favor nem contra, muito pelo contrário; sem cheiro; não fede nem cheira; dá pra beber; na falta de tu vai tu mesmo; não compromete; mediano; de álcool; tem muita acidez; cheiro de remédio, de cosmético, de solvente; parece produto químico; de tudo menos de cachaça; alguma inhaca; odor de álcool ruim; vomitativo; nauseabundo; irrespirável; inhaca pura; aversivo; fedorento; horroroso; terrível; pútrido; letal etc.

Quanto ao aroma da cachaça envelhecida: de cana com o tempero exato, o toque da madeira; divino; fantástico; de tirar o padre do altar; de cana com o traço sutil da madeira; suave; delicado; maravilhoso; sensual; orgástico; melhor que criminoso rico na cadeia; silvestre; emocionante; caviloso; charmoso; harmonia perfeita: pinga e madeira; frutado; discreto; tem alma; melhor que político corrupto preso; terroso; sedutor; um cheirinho de ervas; inebriante; esplendoroso; único; tudo de bom; fascinante; divino; ótimo; delicioso; excelente; perfeito; agressivo; voraz; provocante; excelente; agradável; neutro; razoável; bebe-se; na falta de tu vai tu mesmo; tem muita acidez; uma química detestável; inhaca misturada com madeira; ranço e ranço; álcool com

The perception of taste, although being less complex than the olfactory senses, is fundamental and the most important. It is the final stage, the deciding moment of the cachaça tasting. It is the moment of truth: approval or disapproval. I repeat: "to go down smoothly", is not everything, but it is the least you can expect from a beverage whose main objective is to offer happiness and pleasure. After looking at it and smelling the unique aroma of the cachaça, it is time to taste it. Drink it with your entire body. Judge, qualify and make a note of the flavour on the form: the gustatory orgasm; the unforgettable pleasure; the unfortunate swig; the total rejection. You can choose from the list below some words which may help you to express what your palate registered:

Taste of cachaça: divine; excellent; marvellous; perfect; delicious; pure sugar cane; rustic; seductive; sunny; fantastic; incomparable; "makes you go hmm"; elegant; unbeatable; wild; beautiful character; tasty, orgasmic; flavourful; fascinating; very good; complete; dense; graceful; fulfilling; exuberant; soft; charming; soulful; emotional; smooth; with unity and personality; with the taste of love; splendid; suspicious; velvety; sober; captivating; sensual; aggressive; moreish; appetising; strong; devours like passion; pleasing; discrete; astringent; delicate; refreshing; diabolical; "the best"; indescribably good; light; suave; soft; "better than sex"; unique; all good; dry; provocative; like cold *pinga*; full of flavour; sharp; coarse; medium; neutral; insipid; wild; a bit weak; reasonable; not bad; honest; neither good nor bad; "it will do"; very acidic; too strong; suffocating; bitter; a detestable chemical taste; taste of alcohol; fiery; caustic; scratching; lifeless; tastes like medicine; tastes like a chemical product; anything like cachaça; pure stink; rancid; taste of paper; taste of plastic; sickening nauseating; poisonous; horrible; dreadful; gruesome; dire; undrinkable.

Taste of aged cachaça: divine; celestial; marvellous; perfect; delicious; seductive; fantastic; incomparable; "makes you go hmm"; unbeatable; orgasmic; flavourful, fascinating; with character and unity; very good; tasty; excellent; sugary; sensual; elegant; sober; moreish; fine; smooth; perfectly harmonious; *pinga* and wood; light; soft; complete; dense; exuberant; soulful; rustic; splendid; delicate; provoking; "better than sex"; digestive; refreshing; suave; suspicious; pleasing; diabolical; "the best"; indescribably good; taste of the earth; milky texture; sugar cane with a subtle trace of wood; passionate; with taste of herbs; unique; "all good"; wild; velvety; remote taste of fruit; aggressive; dry; strong; astringent; neutral; reasonable; "it will do";

madeira; cachaça ruim misturada com madeira; tem cheiro de livro velho; cheiro de plástico; madeira pura; parece um óleo de peroba; uma loção de barba; um xarope de madeira; um remédio; enjoativa; um lustrador de móveis; muito ruim etc.

Impressões gustativas(gosto, sabor) – Chegamos ao céu. Ou ao purgatório. Ou ao inferno, quem sabe? Vamos provar, degustar, com inteligência e sabedoria, a ignota, cortejada e desejada cachaça. Se dúvidas houver sobre os gestos da façanha, vá à página 109 ("A degustação passo a passo"), para que nada se perca ou aconteça de maneira torta. A nota para o sabor da cachaça será de 0,0 a 6,0, isto é, concorrerá, no máximo, com 60%, com peso limite 6, para a nota final de avaliação total da bebida. A percepção do sabor, mesmo sendo menos complexa que aquela ensejada pelo olfato, é fundamental, a mais importante. Este é o estágio final, determinante da degustação. É o passo que aprova ou reprova peremptoriamente. Repito: descer redonda, redondinha, não é tudo, mas o mínimo a se exigir de uma bebida cuja função é proporcionar alegria e prazer. Depois de olhar e ver, depois de impressionar o olfato com o aroma singular da cachaça, prove. Beba com todo o corpo. Julgue, qualifique o sabor, registrando, na ficha, o orgasmo gustativo, o prazer marcante e inesquecível, a boa ingestão, o beber indiferente, o gole infeliz ou a repulsa odienta. Escolha, do acervo que vai abaixo, as palavras capazes de expressar o que o sentido do paladar registrou:

Quanto ao gosto, a cachaça pode ser: divina; excelsa; maravilhosa; perfeita; deliciosa; cana pura; de gosto rústico; sedutora; ensolarada; fantástica; incomparável; de tirar o padre do altar; elegante; insuperável; selvagem; belo caráter; gostosa; orgástica; saborosíssima; fascinante; ótima; inteiriça; excelente; densa; plena; exuberante; macia; charmosa; tem alma; plena; emocionante; redonda; tem unidade e personalidade; tem gosto de amor; esplêndida; tem unidade na boca; cavilosa; aveludada; sóbria; apaixonante; sensual; agressiva; tem gosto de "quero mais"; melhor que político corrupto preso; abre o apetite; forte; devoradora como uma grande paixão; agradável; discreta; adstringente; delicada; refrescante; diabólica; fatal; indescritivelmente boa; leve; suave; macia; melhor que criminoso rico na cadeia; única; tudo de bom; seca; provocante; parece pinga gelada; agradável; sápida; cortante; áspera; aguada; mediana; neutra; insípida; meio-rala; razoável; dá pra beber; não é ruim; apenas honesta; não é boa nem ruim; na falta de tu vai tu mesmo; mais ou menos; não sou a favor nem contra, muito pelo contrário; não compromete; muito ácida; forte demais; sufoca; amarga; rala; uma química detestável; tem gosto de álcool; arde; queima; arranha; estou engo-

drinkable; not bad; a little acidic; a bit weak; watery; insipid; tasteless; honest; rough; neither good nor bad; so-so; "neither here nor there"; just OK; average; mediocre; pure alcohol; taste of medicine; lifeless; bitter; tastes of everything but cachaça; tastes like a chemical product; stench-ridden; stink disguised by wood; rancid; alcohol with wood; bad cachaça mixed with wood; a terrible chemical taste; dirty water; tastes like paper or plastic; pure wood; tastes like furniture oil; aftershave; wood syrup; sickening; furniture polish; really bad; nauseating; horrible; dreadful; gruesome; dire; undrinkable.

Total evaluation – Final grade – Add up the three marks you gave for the three impressions – visual, olfactory and gustatory. The result will be the final grade that you will give to the cachaça that you tasted. My parameters are as follows:

lindo um gato; morta, sem vida; alguma inhaca; parece remédio; parece um produto químico; parece tudo menos cachaça; inhaca pura; um ranço só; um álcool horrível; gosto de papel; gosto de plástico; um remédio ruim; vomitativa; nauseabunda; um veneno; horrível; péssima; pavorosa; medonha; imbebível.

Quanto ao gosto, a cachaça envelhecida pode ser: divina; celestial; maravilhosa; perfeita; deliciosa; sedutora; fantástica; incomparável; de tirar o padre do altar; insuperável; orgástica; saborosíssima; fascinante; tem caráter; tem unidade na boca; ótima; gostosa; excelente; adocicada; sensual; elegante; sóbria; tem gosto de "quero mais"; boa demais pra conversar; fina; redonda; harmonia perfeita: pinga e madeira; leve; macia; inteiriça; densa; exuberante; tem alma; rústica; esplêndida; delicada; provocadora; melhor que político corrupto preso; digestiva; refrescante; suave; cavilosa; agradável; diabólica; fatal; indescritivelmente boa; tem gostinho de terra; uma textura láctea; de cana com o traço sutil da madeira; delicada; apaixonante; tem gostinho de ervas; adocicada; melhor que criminoso rico na cadeia; única; tudo de bom; ótima; deliciosa; silvestre; aveludada; excelente; um gostinho longínquo de fruta; agressiva; seca; forte; adstringente; agradável; sápida; neutra, razoável; dá pra beber; na falta de tu vai tu mesmo; não é ruim; um pouco ácida; meio rala; insípida; não tem gosto de nada; apenas honesta; áspera; não é boa nem ruim; mais ou menos; não sou a favor nem contra, muito pelo contrário; não compromete; mediana; bebe-se; medíocre; álcool puro; gosto de remédio; morta, sem vida; amarga; tem gosto de tudo menos de cachaça; parece produto químico; alguma inhaca; inhaca escondida na madeira; inhaca misturada com madeira; ranço e ranço; álcool com madeira; cachaça ruim misturada com madeira; uma química terrível; uma água suja; tem gosto de papel; gosto de plástico; madeira pura; parece um óleo de peroba; uma loção de barba; um xarope de madeira; um remédio; enjoativa; um lustrador de móveis; muito ruim; 'vomitativa'; nauseabunda; terrível; péssima; pavorosa; medonha; imbebível.

Avaliação total – Nota final – Some as três notas dadas nas três impressões – visual, olfativa e gustativa. O resultado será a nota final que você dará à cachaça que degustou. Os meus parâmetros são os seguintes:

If the cachaça achieved the maximum grade, **10**, you drank a marvellous cachaça – rare, precious, sublime, unbeatable, divine, nectar – that you may taste only once or twice in your lifetime. A *cachaça from heaven*

If the cachaça achieved a final grade **between 8 and 9.9**, you drank a cachaça of excellence, of superior quality, perfect in chemical structure and fantastic sensorial virtues, delicious, flavoursome, pleasurable.

A *cachaça from the altar*

If the cachaça received a grade **between 6 and 7.9**, you drank a cachaça with quality – average, with some virtues, drinkable, that you can classify between mediocre and satisfactory. A *cachaça from the shelf*

If the cachaça was evaluated with a grade below 6, that is, with a final grade **between 0 and 5.9**, you drank a poor cachaça, without quality, with an unpleasant aroma and taste. A cachaça without virtue that could be classified as between sickening and barely tolerable, from really bad to unpleasant. A *cachaça of the "elite"*, for those who do not understand or respect Brazilian culture.

Bota-gostos(Brazilian appetizers) – You did not eat during the cachaça tasting, but afterwards, you may feel like having a bite. Your evaluation may inspire you to have some *bota-gostos* (appetizers) that could go really well with the cachaça that was tasted. The aroma and taste of the cachaça may suggest specific nibbles or cocktail snacks to complement it, that, when eaten, in turn, invite you to drink the cachaça. One does not exclude the other. On the contrary, the cachaça calls the *bota-gosto* and vice versa. Why do I call it *bota-gosto* and not *tira-gosto*, as commonly said in Brazil? Strictly speaking, *bota-gosto* means "to add taste" and *tira-gosto* means "to remove the taste". *Tira-gosto* should be good for those who drink medicine or an inferior spirit, a terrible drink, an awful cachaça; for those who want to get rid of the bad taste in their mouth, the taste of a disagreeable liquid, hard to swallow. But this is not the case of those who drink a cachaça of sensorial excellence. Cachaça, like wine, whisky, vodka, rum, tequila and gin, has certain accompanying dishes that match and harmonise with it. For the

🍷🍷🍷 se a cachaça alcançou a nota máxima, **10** (dez), você bebeu uma cachaça maravilhosa, rara, preciosa, sublime, insuperável, divina, um néctar, que se degusta uma ou duas vezes na vida.

Uma *cachaça do céu*

🍷🍷 se a cachaça ficou com nota **entre 8 e 9,9**, você bebeu uma cachaça de excelência, de qualidade superior, perfeita na estrutura química e de virtudes sensoriais primorosas, deliciosa, saborosíssima, prazerosíssima.

Uma *cachaça do altar*

🍷 se a cachaça recebeu nota **entre 6 e 7,9**, você bebeu uma cachaça com qualidade, mediana, com algumas virtudes, bebível, classificável entre o medíocre e o satisfatório.

Uma *cachaça da prateleira*

🥃 se a cachaça foi avaliada com nota abaixo de 6, isto é, com nota **de 0 a 5,9**, você bebeu uma cachaça ruim, sem qualidade, com aroma e sabor desagradáveis, sem virtudes, classificável entre o vomitativo e o sofrível, que vai do péssimo ao não-prazeroso. Uma cachaça das destinada a certas elites brasileiras, que odeiam o nosso povo e desprezam a nossa Cultura.

Uma *cachaça das elites*

Bota-gostos – Você não comeu durante a degustação. Depois, sim. Ou ainda vai beliscar. Mas a sua avaliação sugere alguns bota-gostos que se harmonizariam, com perfeição, àquela cachaça degustada. O aroma e o gosto daquela cachaça pedem certos alimentos, se casariam maravilhosamente com determinados petiscos e acepipes, que, comidos, sugerem cachaça, e esta, bebida, sugere os bota-gostos. Um não exclui o outro. Ao contrário, a cachaça chama o bota-gosto e vice-versa. Por que "bota-gosto"? Porque "tira-gosto" é bom para quem toma remédio, para quem toma um álcool inferior, uma bebida asquerosa, uma cachaça ruim, pra quem quer tirar o gosto ruim da boca, de algum líquido desagradável, difícil de engolir. E este não é o caso de quem bebe uma cachaça de excelência sensorial. Assim como o vinho, o uísque, a vodca, o rum, a tequila e o gim têm os seus alimentos certos, adequados, que combinam, que se harmonizam com eles, a cachaça também os tem. Para a saborosa cachaça, saborosos bota-gostos. Abaixo, uma lista para você escolher entre os melhores bota-gostos da cachaça. E acrescentar outros. A princípio, previno: nada de

flavoursome cachaça, flavoursome *bota-gostos*. Below is a list of suggestions for you to choose the best matching appetizers for cachaça and to include your own ideas. To start with, I would avoid the following: cashew nut, Brazil nut, peanut, biscuit, pasta, bread. Instead, I would suggest: salami, the most universal appetizer that exists (which can accompany any beverage); *camarão sete-barbas* (sea-bob-shrimp), well-fried; *lingüicinha* (Brazilian sausage) well-fried and very thin; fillet of anchovy on a very small and very thin piece of toast; fish eggs fried in olive oil and hydrogenated fat (half and half); fried fish... well, there are many and various options. Here goes:

Seafood and sea and freshwater fish: grilled fish eggs or fried in a half-and-half mix of good olive oil and hydrogenated fat; fried fish; fried sea-bob-shrimp; fish strips; raw dry shrimp; crab; raw oyster with lemon; mussels, squid, octopus and clam, fried or seasoned in saltwater; fried needlefish; anchovy fillet on thin toast; canned sardine; *vatapá* (a Brazilian shrimp-based dish); strips or croquette of dried cod fish; very small, well-fried and seasoned croquette of manioc (*aipim* or *macaxeira*); well-fried manioc sticks; raw dried cod fish, cut with small knife or Swiss knife on the counter of the warehouse; fish broth, of piranha with thick flour and *sururu* (mussel Mytella falcate); crab meat served in its shell, crab meat with chilli pepper; *lambreta baiana* (mollusc dish); *sururu* prepared in any form imaginable.

Meat: sausage; pork crackling; pork loin; small ribs; pork, cow or chicken giblets – fried, boiled, roasted and smoked; any type of fried meat of cow, lamb, goat or chicken; any type of game meat well roasted or fried; pork guts fried in lard; meat croquette; dry salty meat, fried or roasted; sliced salami; bird meat, fried; jellied broth made from calves' feet.

Fruit: *cajá-manga*, star fruit, tomato, cashew fruit, *umbu*, *serigüela*, lemon and other citric fruits, green or ripe, sliced sucked at the time of the *pinga*.

Others: *tacacá*, a shrimp and manioc broth, an amazing delicacy from the Amazon region; *caldinho de feijão* (black beans juice) with chilli pepper; strong cheese like parmesan; Brazilian North-eastern cheeses, fried or grilled; fried cheese from the state of Minas Gerais.

Comments – Note down any other comments you may wish to make about the cachaça you tasted. Your impressions should be absolutely personal and emotional. Keep practising. It is like living and loving:

... we only learn by doing. Living and learning.

Drinking and learning.

caju-amigo

Uma original bebida brasileira.

Delicioso e estimulante aperitivo.

Para se beber de pé, com os amigos,

com disposição e alegria.

Ingredientes (para uma pessoa)

* uma dose mínima (30ml) de cachaça artesanal
  de excelência, nova (branca).

* um caju maduro
  fresco, sem machucados, de cor firme, sem manchas.

Modo de beber

Segurando o caju pela castanha, morda-o com desejo e coloque na boca um pedaço da fruta. Sorva o sumo, que escorre da fruta, retendo-o na boca, sem engolir. Mastigue bastante o caju, como se estivesse ruminando, sem engolir nem o sumo, nem o bagaço. Quando a boca estiver plena de suco, jogue nela a dose da cachaça, engolindo sumo e cana num único gole. Saboreie. Em seguida, cuspa o bagaço da fruta ou, depois de mastigá-lo mais ainda, ingira-o. Passado algum tempo, repita o procedimento: uma nova mordida, mastigação, o sumo, a pinga, o gole, o céu. Você tomou mais um caju-amigo.
Você pode, em vez de morder o caju, cortar a fruta em fatias transversais, com faca ou lâmina de bambu (exclusivamente bambu, nunca metal), colocando-as num prato. Pegue uma fatia com um palito ou espeto. Coloque-a sobre a língua. Repita o ritual.
Outra maneira de realizar o caju-amigo: sirva sobre um balcão ou mesa: uma dose (50ml) de cachaça e outra (50ml) de suco de caju, resultado do caju espremido ou batido no liquidificador e coado. Beba, sem pausa, o suco e, imediatamente, num trago, sobre ele, a pinga.

Saúde! Salve o caju! Salve a cachaça!
Viva a nossa amizade!

passion fruit shake

A bate-bate (shake-shake), a tropical drink.
Delicate, captivating, sensual.
Soothing, seductive and invigorating.

Ingredients (serves two)

* 2 passion fruits, large and ripe
  without holes, cracks or bruises
* 4 shots (50ml each) of non-industrially produced cachaça
  of superior quality, new (white)
* sugar
* ice cubes

Method

Cut the passion fruits in half. Using a spoon, remove the pulp and add it to the blender with the cachaça. Beat in pulses, not continuously, quickly, several times, so that the translucent part can be separated from the seeds (to avoid grinding them). Pass the liquid through a sieve and return it to the blender with ice cubes and sugar to taste. Blend the mixture. Serve in two long drinking glasses. A cocktail shaker can be used instead of the blender.

Cheers! Long live love, as beautiful as the passion fruit flower!

batida de maracujá

Um bate-bate, um dringue tropical.

Delicado, apaixonante, sensual.

Acalma, seduz e reanima.

Ingredientes (para duas pessoas)

* 2 maracujás maduros grandes
  sem furos, rachaduras ou machucados
* quatro doses, de 50ml cada uma, de cachaça artesanal
  de qualidade superior, nova (branca)
* açúcar
* gelo

Modo de fazer

Cortar os maracujás ao meio e retirar as polpas com uma colher, colocando-as num liquidificador junto com a cachaça. Bata, ligando e desligando o aparelho, rapidamente, várias vezes, para que a substância translúcida se separe das sementes e estas não sejam trituradas. Passe por uma peneira. Retorne o líquido para o liquidificador com açúcar a gosto e pedras de gelo um pouco quebradas. Bata a mistura. Sirva em dois copos altos de vidro transparente. O liquidificador pode ser substituído por uma coqueteleira.

Saúde! Viva o Amor, belo como a flor do maracujá!

lime shake

A very Brazilian drink.
Refreshing, warming, enlivening and healing.
Before, during or after.

Ingredients (serves two)

* 2 large limes with thin peel
* 4 shots (50ml each) of non-industrially produced cachaça of superior quality, new (white)
* sugar
* ice cubes (optional)

Method

Cut the limes in half. Using a citrus squeezer, remove the juice. Sieve it directly into the blender and beat with sugar or honey to taste. Serve with or without broken ice cubes. A cocktail shaker can be used instead of the blender.

Cheers! Long live each morning light!

batida de limão

Um drinque brasileiríssimo.

Refresca, aquece, alegra e cura.

Antes, durante ou depois.

Ingredientes (para duas pessoas)

* 2 limões grandes, de casca fina
* quatro doses, de 50ml cada uma, de cachaça artesanal de qualidade superior, nova (branca)
* açúcar
* gelo (opcional)

Modo de fazer

Parta os limões ao meio, retirando o suco em um espremedor. Coe diretamente no liquidificador e bata com açúcar ou mel a gosto. Sirva com ou sem pedras de gelo quebradas. O liquidificador pode ser substituído por uma coqueteleira.

Saúde! Viva a Luz de cada manhã!

cachaça with lime

Simple as life.

Urgent and necessary.

To solve any situation.

Ingredients (serves one)

- 1 large lime with thin peel
- 1 shot (50ml) of non-industrially produced cachaça of superior quality, new (white)

How to drink

Cut the lime in half. Suck one half and immediately drink part of the cachaça shot. A few minutes later, do the same with the other half and the rest of the *pinga*.

Another way to drink: Pour a *pinga* shot into an appropriate glass and then pour the juice of one lime. Drink it immediately, without hesitation, but with responsibility and taste.

Saravá! May God give us health and peace!

As Solomon said, "the solution is cachaça with lime".

cachaça com limão

Simples como a Vida.

Urgente e necessário.

Pra resolver a situação.

Ingredientes (para uma pessoa)

* 1 limão grande, de casca fina
* uma dose de 50ml de cachaça artesanal de qualidade superior, nova (branca)

Modo de beber

Parta o limão ao meio. Chupe uma das metades e tome imediatamente parte da dose de cachaça. Alguns minutos depois, sorva a outra metade do limão e beba o resto da pinga.

Outra maneira de beber: Sirva a dose de pinga em um copo adequado, despejando, em seguida, o suco de um limão. Beba sem hesitar. Com responsabilidade e gosto.

Saravá! Deus nos dê Saúde e Paz!

Como dizia Salomão, "a solução é cachaça com limão".

About the Author

A *pingófilo* (specialist in the appreciation of good *pinga*) and *cachaçólogo* (researcher of cachaça) since youth, MARCELO Nóbrega da CÂMARA Torres was born in 1950 in the city of Angra dos Reis, in the state of Rio de Janeiro. A journalist, writer, editor and cultural consultant, he graduated in Law and Social Communication from Fluminense Federal University. Creator of rules and sensorial criteria for the cultural act of drinking cachaça, he is the first and only professional taster at work in the country. Legislative Consultant of the Federal Senate from 1985 to 2000, he was an advisor for cultural affairs at the National Congress of Brazil and at the National Constituent Assembly, where, for the first time in the country, the idea of cultural rights was developed, and then integrated into the Brazilian Constitution. Between 1991 and 1993, he was an advisor and editor for Senator Darcy Ribeiro in the Brazilian Senate. Humorist, critic and entrepreneur, he has been writing and working with different aspects of Brazilian culture since 1965. He inherited his passion for *pinga* from his father, Câmara Torres (1917-1998) – who served him his first *pinga* when he was six years old – and also from the most famous member of his family, Luís da Câmara Cascudo (1898-1986), the greatest cachaçólogo of all time. Marcelo Câmara founded and was chairman of the *Confraria do Copo Furado*, a cultural brotherhood that existed in Ipanema, in the city of Rio de Janeiro, from 1994 to 1997. The first of its kind, it gathered cachaça tasters and was dedicated to promoting and publicising the Brazilian beverage. During this time, he wrote and edited the newsletter of *pingofilia*, *Goles & Tragos*. He created the motto of the brotherhood: "*Unidos beberemos! Sozinhos também!*" ("United we drink! Alone, we do too!"). From 2004 to 2006 in Ipanema, he ran the *Cachasábado – Pinga na calçada!* (Saturday Cachaça, *Pinga* on the sidewalk!), an encounter of *cachaça* lovers and passers-by. In 1997, he wrote the first column about *cachaça* in the Brazilian press, called *Prazer Brasileiro* published by *Jornal do Commercio* newspaper, in Rio de Janeiro. He has published hundreds of critical works about the socio-anthropological and economic universe of cachaça. He is the creator of several drinking rituals and of a rich and cheerful vocabulary about cachaça, including the words *pingofilia*, *pingófilo*, *bota-gosto*, *decana*, *cananização*, *biritanicamente*. Currently, aside from providing consultancy to companies and institutions and giving lectures about cachaça, he conducts sensorial analysis and directs tasting sessions of the beverage all over the country. He has published many articles in the following newspapers *Lig*, *O Fluminense*, *Diário de Notícias*, *Jornal do Brasil*, *O Globo*, *Jornal do Commercio*, *Jornal de Brasília*, *Correio Braziliense* and in the magazines *Espelho*, *Manchete* and *Fatos*, among others. He is the author of the following books: *Cachaça, Prazer Brasileiro* (Mauad), *A vida, a música e o tempo de Newton Mendonça in Caminhos Cruzados* (Mauad), *Ipanema de A a Z – Dicionário da vida ipanemense*, with Mário Peixoto (Cohen) and *Crítica à Cultura Brasileira* (*Coronário*).

Sobre o Autor

Pingófilo (bebedor da boa pinga) e cachaçólogo (estudioso da cachaça) desde a juventude, MARCELO Nóbrega da CÂMARA Torres (Angra dos Reis, RJ, 1950) é jornalista, escritor, editor e consultor cultural, formado em Direito e em Comunicação Social pela Universidade Federal Fluminense. Criador das regras e critérios sensoriais para o ato cultural de beber cachaça, é o primeiro e único degustador profissional em atividade no País. Consultor Legislativo do Senado Federal de 1985 a 2000, foi o assessor para os assuntos da Cultura do Congresso Nacional e da Assembléia Nacional Constituinte, onde desenvolveu pela primeira vez no País a tese dos direitos culturais que passou a integrar a Carta Magna. No Senado, foi assessor e editor de Darcy Ribeiro (1991-1993). Humorista, crítico e realizador, desde 1965 escreve e atua em diversas áreas da Cultura. A paixão pela pinga ele herdou do pai, Câmara Torres (1917-1998), que lhe serviu a primeira pinga quando tinha seis anos de idade, e do mais ilustre membro da sua família, o maior dos cachaçólogos, Luís da Câmara Cascudo (1898-1986). Fundou e presidiu a Confraria do Copo Furado, sodalício cultural que existiu em Ipanema, no Rio de Janeiro, de 1994 a 1997, o primeiro do mundo que, reunindo degustadores de cachaça, dedicou-se à promoção e divulgação da bebida brasileira, com repercussões internacionais. Escreveu e editou, durante esse tempo, a folha de pingofilia *Goles & Tragos*. Criou o grito de paz da Confraria: "*Unidos beberemos! Sozinhos também!*" . Assinou, em 1997, no *Jornal do Commercio*, RJ, a coluna *Prazer Brasileiro*, a primeira sobre cachaça na Imprensa. De 2004 a 2006, realizou em Ipanema o *Cachasábado — Pinga na calçada!*, encontro de transeuntes pingófilos. Tem, publicados, centenas de trabalhos críticos sobre o universo socioantropológico e econômico da cachaça. É o criador de diversos rituais e de um rico e bem-humorado léxico sobre a cachaça, como as palavras *pingofilia, pingófilo, bota-gosto, decana, cananização, biritanicamente*. Atualmente, além de prestar consultoria a empresas e instituições e proferir palestras sobre a cachaça, faz análise sensorial e dirige sessões de degustação da bebida em vários pontos do País. Publicou nos jornais *Lig, O Fluminense, Diário de Notícias, Jornal do Brasil, O Globo, Jornal do Commercio, Jornal de Brasília, Correio Braziliense* e nas revistas *Espelho, Manchete* e *Fatos*, entre outros veículos. É autor dos livros: *Cachaça Prazer Brasileiro* (Mauad), *A vida, a música e o tempo de Newton Mendonça* in *Caminhos Cruzados* (Mauad), *Ipanema de A a Z – Dicionário da vida ipanemense*, com Mário Peixoto (Cohen) e *Crítica à Cultura Brasileira* (Coronário).

Para você beber, sempre, as cachaças santas, imaculadas,
e jamais voltar a beber líquidos dissimulados, semelhantes à cachaça
ou pinga nauseabunda, de aroma desagradável e gosto ruim.

Prove, avalie e registre.

Here's to you never drinking fake or unpalatable pinga
with an unpleasant smell and taste,
but to always drinking the purest of pure cachaças.

Try, evaluate and register

Ficha de degustação

Data / /

Local ....

Garrafa
[ ]vidro [ ]cerâmica [ ]cristal [ ]barro [ ]louça
[ ]outro [ ]transparente [ ]escura [ ]cor

comente ....

Rótulo ....

....

Contra-rótulo ....

....

Cachaça(marca) ....
[ ]sem outro nome agregado [ ]Tradicional
[ ]Prata [ ]Ouro

Conteúdo
[ ]50ml [ ]100ml [ ]120ml [ ]300ml [ ]500ml [ ]700ml [ ]750ml
[ ]900ml [ ]1 litro [ ]outro

Modo(regime)**de produção**
[ ]artesanal [ ]industrial

Matéria-prima
[ ]não-orgânica [ ]orgânica

Destilação
[ ]única [ ]bidestilada [ ]tridestilada [ ]multidestilada

Tipo
[ ]branca(nova) [ ]azulada [ ]adoçada [ ]envelhecida
[ ]nova descansada [ ]descansada e envelhecida
[ ]envelhecida e corrigida com caramelo
[ ]premium [ ]extra premium [ ]reserva especial
[ ]outro

Idade(se envelhecida) .... [ ]sem informação

Madeira(s) .... [ ]sem informação

Processo industrial secundário
[ ]standartizada [ ]adoçada [ ]composta [ ]com infusão
[ ]aromatizada [ ]cor corrigida com caramelo

Data de fabricação(safra) .... [ ]sem data

Lote e garrafa(numeração) ....

Cana ....

Graduação alcoólica ....%

Fabricante(nome e lugar) ....

Engarrafador ....

Standardizada por ....

Distribuidor ....

Vedação
[ ]cortiça [ ]chapinha [ ]tampa de alumínio [ ]tampa de plástico

Conta-gotas(doseador)
[ ]sim [ ]não

Comprada em / /

Preço ....

Local da compra ....

Recomendada por ....

Presente de ....

Outras características ....

....

Informações visuais(garrafa, cor e aparência) ....

....

.... Nota ....

Impressões olfativas(aroma) ....

....

.... Nota ....

Impressões gustativas(gosto) ....

....

.... Nota ....

Avaliação total - nota final ....

Bota-gostos ....

....

Comentários ....

....

Tasting form

Date / /

Location ....

Bottle
[ ]glass [ ]ceramic [ ]crystal [ ]clay [ ]china
[ ]other [ ]transparent [ ]dark [ ]colour

comments ....

Label ....

....

Back label ....

....

Cachaça(brand) ....
[ ]with no other name [ ]Traditional
[ ]Silver [ ]Gold

Contents
[ ]50ml [ ]100ml [ ]120ml [ ]300ml [ ]500ml [ ]700ml [ ]750ml
[ ]900ml [ ]1 litre [ ]other

Type(regime)**of production**
[ ]non-industrial [ ]industrial

Raw material
[ ]non-organic [ ]organic

Distillation
[ ]single [ ]double [ ]triple [ ]multiple

Type
[ ]white(new) [ ]pale blue [ ]sweet [ ]aged
[ ]rested new [ ]rested aged
[ ]aged and corrected with caramel
[ ]premium [ ]extra premium [ ]special reserve
[ ]other

Age(if aged) .... [ ]unknown

Wood(s) .... [ ]unknown

Secondary industrial process
[ ]standardised [ ]sweetened [ ]composed [ ]with infusion
[ ]aromatised [ ]colour correction with caramel

Date of production(harvest) .... [ ]unknown

Lot and bottle(number/notation) ....

Sugar cane ....

Alcohol level ....%

Producer(name and place) ....

Bottled by ....

Standardised by ....

Distributed by ....

Closing system
[ ]cork [ ]metal lid [ ]aluminium cap [ ]plastic lid

Measuring tip(dropper/pipette)
[ ]yes [ ]no

Bought on / /

Price ....

Place of purchase ....

Recommended by ....

Gift from ....

Other characteristics ....

....

Visual impressions(bottle, colour and appearance) ....

....

.... Mark given ....

Olfactory impressions(smell/aroma) ....

....

.... Mark given ....

Gustatory impressions(taste, flavour) ....

....

.... Mark given ....

Total evaluation - final grade ....

Bota-gostos(Brazilian appetizers) ....

....

Comments ....

....

Ficha de degustação

Data / /

Local ....

Garrafa
[ ]vidro [ ]cerâmica [ ]cristal [ ]barro [ ]louça
[ ]outro [ ]transparente [ ]escura [ ]cor

comente ....

Rótulo ....

....

Contra-rótulo ....

....

Cachaça(marca) ....
[ ]sem outro nome agregado [ ]Tradicional
[ ]Prata [ ]Ouro

Conteúdo
[ ]50ml [ ]100ml [ ]120ml [ ]300ml [ ]500ml [ ]700ml [ ]750ml
[ ]900ml [ ]1 litro [ ]outro

Modo(regime)**de produção**
[ ]artesanal [ ]industrial

Matéria-prima
[ ]não-orgânica [ ]orgânica

Destilação
[ ]única [ ]bidestilada [ ]tridestilada [ ]multidestilada

Tipo
[ ]branca(nova) [ ]azulada [ ]adoçada [ ]envelhecida
[ ]nova descansada [ ]descansada e envelhecida
[ ]envelhecida e corrigida com caramelo
[ ]premium [ ]extra premium [ ]reserva especial
[ ]outro

Idade(se envelhecida) [ ]sem informação

Madeira(s) [ ]sem informação

Processo industrial secundário
[ ]standartizada [ ]adoçada [ ]composta [ ]com infusão
[ ]aromatizada [ ]cor corrigida com caramelo

Data de fabricação(safra) .... [ ]sem data

Lote e garrafa(numeração) ....

Cana ....

Graduação alcoólica ....%

Fabricante(nome e lugar) ....

Engarrafador ....

Standardizada por ....

Distribuidor ....

Vedação
[ ]cortiça [ ]chapinha [ ]tampa de alumínio [ ]tampa de plástico

Conta-gotas(doseador)
[ ]sim [ ]não

Comprada em / /

Preço ....

Local da compra ....

Recomendada por ....

Presente de ....

Outras características ....

....

Informações visuais(garrafa, cor e aparência) ....

....

.... Nota ....

Impressões olfativas(aroma) ....

....

.... Nota ....

Impressões gustativas(gosto) ....

....

.... Nota ....

Avaliação total - nota final ....

Bota-gostos ....

....

Comentários ....

....

Tasting form

Date / /

Location ....

Bottle
[ ]glass [ ]ceramic [ ]crystal [ ]clay [ ]china
[ ]other [ ]transparent [ ]dark [ ]colour

comments ....

Label ....

....

Back label ....

....

Cachaça(brand) ....
[ ]with no other name [ ]Traditional
[ ]Silver [ ]Gold

Contents
[ ]50ml [ ]100ml [ ]120ml [ ]300ml [ ]500ml [ ]700ml [ ]750ml
[ ]900ml [ ]1 litre [ ]other

Type(regime)of production
[ ]non-industrial [ ]industrial

Raw material
[ ]non-organic [ ]organic

Distillation
[ ]single [ ]double [ ]triple [ ]multiple

Type
[ ]white(new) [ ]pale blue [ ]sweet [ ]aged
[ ]rested new [ ]rested aged
[ ]aged and corrected with caramel
[ ]premium [ ]extra premium [ ]special reserve
[ ]other

Age(if aged) .... [ ]unknown

Wood(s) .... [ ]unknown

Secondary industrial process
[ ]standardised [ ]sweetened [ ]composed [ ]with infusion
[ ]aromatised [ ]colour correction with caramel

Date of production(harvest) .... [ ]unknown

Lot and bottle(number/notation) ....

Sugar cane ....

Alcohol level ....%

Producer(name and place) ....

Bottled by ....

Standardised by ....

Distributed by ....

Closing system
[ ]cork [ ]metal lid [ ]aluminium cap [ ]plastic lid

Measuring tip(dropper/pipette)
[ ]yes [ ]no

Bought on / /

Price ....

Place of purchase ....

Recommended by ....

Gift from ....

Other characteristics ....

....

Visual impressions(bottle, colour and appearance) ....

....

.... Mark given ....

Olfactory impressions(smell/aroma) ....

....

.... Mark given ....

Gustatory impressions(taste, flavour) ....

....

.... Mark given ....

Total evaluation - final grade ....

Bota-gostos(Brazilian appetizers) ....

....

Comments ....

....

Ficha de degustação

Data / /

Local ....

Garrafa
[ ]vidro [ ]cerâmica [ ]cristal [ ]barro [ ]louça
[ ]outro [ ]transparente [ ]escura [ ]cor

comente ....

Rótulo ....

....

Contra-rótulo ....

....

Cachaça(marca) ....
[ ]sem outro nome agregado [ ]Tradicional
[ ]Prata [ ]Ouro

Conteúdo
[ ]50ml [ ]100ml [ ]120ml [ ]300ml [ ]500ml [ ]700ml [ ]750ml
[ ]900ml [ ]1 litro [ ]outro

Modo(regime)**de produção**
[ ]artesanal [ ]industrial

Matéria-prima
[ ]não-orgânica [ ]orgânica

Destilação
[ ]única [ ]bidestilada [ ]tridestilada [ ]multidestilada

Tipo
[ ]branca(nova) [ ]azulada [ ]adoçada [ ]envelhecida
[ ]nova descansada [ ]descansada e envelhecida
[ ]envelhecida e corrigida com caramelo
[ ]premium [ ]extra premium [ ]reserva especial
[ ]outro

Idade(se envelhecida) [ ]sem informação

Madeira(s) [ ]sem informação

Processo industrial secundário
[ ]standartizada [ ]adoçada [ ]composta [ ]com infusão
[ ]aromatizada [ ]cor corrigida com caramelo

Data de fabricação(safra) .... [ ]sem data

Lote e garrafa(numeração) ....

Cana ....

Graduação alcoólica ....%

Fabricante(nome e lugar) ....

Engarrafador ....

Standardizada por ....

Distribuidor ....

Vedação
[ ]cortiça [ ]chapinha [ ]tampa de alumínio [ ]tampa de plástico

Conta-gotas(doseador)
[ ]sim [ ]não

Comprada em / /

Preço ....

Local da compra ....

Recomendada por ....

Presente de ....

Outras características ....

....

Informações visuais(garrafa, cor e aparência) ....

....

.... Nota ....

Impressões olfativas(aroma) ....

....

.... Nota ....

Impressões gustativas(gosto) ....

....

.... Nota ....

Avaliação total - nota final ....

Bota-gostos ....

....

Comentários ....

....

Tasting form

Date / /

Location ....

Bottle
[ ]glass [ ]ceramic [ ]crystal [ ]clay [ ]china
[ ]other [ ]transparent [ ]dark [ ]colour

comments ....
Label ....

....

Back label ....

....

Cachaça(brand) ....
[ ]with no other name [ ]Traditional
[ ]Silver [ ]Gold

Contents
[ ]50ml [ ]100ml [ ]120ml [ ]300ml [ ]500ml [ ]700ml [ ]750ml
[ ]900ml [ ]1 litre [ ]other

Type(regime)of production
[ ]non-industrial [ ]industrial

Raw material
[ ]non-organic [ ]organic

Distillation
[ ]single [ ]double [ ]triple [ ]multiple

Type
[ ]white(new) [ ]pale blue [ ]sweet [ ]aged
[ ]rested new [ ]rested aged
[ ]aged and corrected with caramel
[ ]premium [ ]extra premium [ ]special reserve
[ ]other

Age(if aged) .... [ ]unknown

Wood(s) .... [ ]unknown

Secondary industrial process
[ ]standardised [ ]sweetened [ ]composed [ ]with infusion
[ ]aromatised [ ]colour correction with caramel

Date of production(harvest) .... [ ]unknown

Lot and bottle(number/notation) ....

Sugar cane ....

Alcohol level ....%

Producer(name and place) ....

Bottled by ....

Standardised by ....

Distributed by ....

Closing system
[ ]cork [ ]metal lid [ ]aluminium cap [ ]plastic lid

Measuring tip(dropper/pipette)
[ ]yes [ ]no

Bought on / /

Price ....

Place of purchase ....

Recommended by ....

Gift from ....

Other characteristics ....

....

Visual impressions(bottle, colour and appearance) ....

....

.... Mark given ....

Olfactory impressions(smell/aroma) ....

....

.... Mark given ....

Gustatory impressions(taste, flavour) ....

....

.... Mark given ....

Total evaluation - final grade ....

Bota-gostos(Brazilian appetizers) ....

....

Comments ....

....

Ficha de degustação

Data / /

Local ....

Garrafa
[ ]vidro [ ]cerâmica [ ]cristal [ ]barro [ ]louça
[ ]outro [ ]transparente [ ]escura [ ]cor

comente ....

Rótulo ....

....

Contra-rótulo ....

....

Cachaça(marca) ....
[ ]sem outro nome agregado [ ]Tradicional
[ ]Prata [ ]Ouro

Conteúdo
[ ]50ml [ ]100ml [ ]120ml [ ]300ml [ ]500ml [ ]700ml [ ]750ml
[ ]900ml [ ]1 litro [ ]outro

Modo(regime)**de produção**
[ ]artesanal [ ]industrial

Matéria-prima
[ ]não-orgânica [ ]orgânica

Destilação
[ ]única [ ]bidestilada [ ]tridestilada [ ]multidestilada

Tipo
[ ]branca(nova) [ ]azulada [ ]adoçada [ ]envelhecida
[ ]nova descansada [ ]descansada e envelhecida
[ ]envelhecida e corrigida com caramelo
[ ]premium [ ]extra premium [ ]reserva especial
[ ]outro

Idade(se envelhecida) [ ]sem informação

Madeira(s) [ ]sem informação

Processo industrial secundário
[ ]standartizada [ ]adoçada [ ]composta [ ]com infusão
[ ]aromatizada [ ]cor corrigida com caramelo

Data de fabricação(safra) .... [ ]sem data

Lote e garrafa(numeração) ....

Cana ....

Graduação alcoólica ....%

Fabricante(nome e lugar) ....

Engarrafador ....

Standardizada por ....

Distribuidor ....

Vedação
[ ]cortiça [ ]chapinha [ ]tampa de alumínio [ ]tampa de plástico

Conta-gotas(doseador)
[ ]sim [ ]não

Comprada em / /

Preço ....

Local da compra ....

Recomendada por ....

Presente de ....

Outras características ....

....

Informações visuais(garrafa, cor e aparência) ....

....

.... Nota ....

Impressões olfativas(aroma) ....

....

.... Nota ....

Impressões gustativas(gosto) ....

....

.... Nota ....

Avaliação total - nota final ....

Bota-gostos ....

....

Comentários ....

....

Tasting form

Date / /

Location ....

Bottle
[ ]glass [ ]ceramic [ ]crystal [ ]clay [ ]china
[ ]other [ ]transparent [ ]dark [ ]colour

comments ....

Label ....

....

Back label ....

....

Cachaça(brand) ....
[ ]with no other name [ ]Traditional
[ ]Silver [ ]Gold

Contents
[ ]50ml [ ]100ml [ ]120ml [ ]300ml [ ]500ml [ ]700ml [ ]750ml
[ ]900ml [ ]1 litre [ ]other

Type(regime)**of production**
[ ]non-industrial [ ]industrial

Raw material
[ ]non-organic [ ]organic

Distillation
[ ]single [ ]double [ ]triple [ ]multiple

Type
[ ]white(new) [ ]pale blue [ ]sweet [ ]aged
[ ]rested new [ ]rested aged
[ ]aged and corrected with caramel
[ ]premium [ ]extra premium [ ]special reserve
[ ]other

Age(if aged) .... [ ]unknown

Wood(s) .... [ ]unknown

Secondary industrial process
[ ]standardised [ ]sweetened [ ]composed [ ]with infusion
[ ]aromatised [ ]colour correction with caramel

Date of production(harvest) .... [ ]unknown

Lot and bottle(number/notation) ....

Sugar cane ....

Alcohol level ....%

Producer(name and place) ....

Bottled by ....

Standardised by ....

Distributed by ....

Closing system
[ ]cork [ ]metal lid [ ]aluminium cap [ ]plastic lid

Measuring tip(dropper/pipette)
[ ]yes [ ]no

Bought on / /

Price ....

Place of purchase ....

Recommended by ....

Gift from ....

Other characteristics ....

....

Visual impressions(bottle, colour and appearance) ....

....

.... Mark given ....

Olfactory impressions(smell/aroma) ....

....

.... Mark given ....

Gustatory impressions(taste, flavour) ....

....

.... Mark given ....

Total evaluation - final grade ....

Bota-gostos(Brazilian appetizers) ....

....

Comments ....

....

Ficha de degustação

Data / /

Local ....

Garrafa

[ ]vidro [ ]cerâmica [ ]cristal [ ]barro [ ]louça
[ ]outro [ ]transparente [ ]escura [ ]cor

comente ....

Rótulo ....

....

Contra-rótulo ....

....

Cachaça(marca) ....

[ ]sem outro nome agregado [ ]Tradicional
[ ]Prata [ ]Ouro

Conteúdo

[ ]50ml [ ]100ml [ ]120ml [ ]300ml [ ]500ml [ ]700ml [ ]750ml
[ ]900ml [ ]1 litro [ ]outro

Modo(regime)de produção

[ ]artesanal [ ]industrial

Matéria-prima

[ ]não-orgânica [ ]orgânica

Destilação

[ ]única [ ]bidestilada [ ]tridestilada [ ]multidestilada

Tipo

[ ]branca(nova) [ ]azulada [ ]adoçada [ ]envelhecida
[ ]nova descansada [ ]descansada e envelhecida
[ ]envelhecida e corrigida com caramelo
[ ]premium [ ]extra premium [ ]reserva especial
[ ]outro

Idade(se envelhecida) [ ]sem informação

Madeira(s) [ ]sem informação

Processo industrial secundário
[ ]standartizada [ ]adoçada [ ]composta [ ]com infusão
[ ]aromatizada [ ]cor corrigida com caramelo

Data de fabricação(safra) ....[ ]sem data

Lote e garrafa(numeração) ....

Cana ....

Graduação alcoólica ....%

Fabricante(nome e lugar) ....

Engarrafador ....

Standardizada por ....

Distribuidor ....

Vedação
[ ]cortiça [ ]chapinha [ ]tampa de alumínio [ ]tampa de plástico

Conta-gotas(doseador)
[ ]sim [ ]não

Comprada em / /

Preço ....

Local da compra ....

Recomendada por ....

Presente de ....

Outras características ....

....

Informações visuais(garrafa, cor e aparência) ....

....

.... Nota ....

Impressões olfativas(aroma) ....

....

.... Nota ....

Impressões gustativas(gosto) ....

....

.... Nota ....

Avaliação total - nota final ....

Bota-gostos ....

....

Comentários ....

....

Tasting form

Date / /

Location ....

Bottle

[ ]glass [ ]ceramic [ ]crystal [ ]clay [ ]china
[ ]other [ ]transparent [ ]dark [ ]colour

comments ....

Label ....

....

Back label ....

....

Cachaça(brand) ....

[ ]with no other name [ ]Traditional
[ ]Silver [ ]Gold

Contents

[ ]50ml [ ]100ml [ ]120ml [ ]300ml [ ]500ml [ ]700ml [ ]750ml
[ ]900ml [ ]1 litre [ ]other

Type(regime)of production

[ ]non-industrial [ ]industrial

Raw material

[ ]non-organic [ ]organic

Distillation

[ ]single [ ]double [ ]triple [ ]multiple

Type

[ ]white(new) [ ]pale blue [ ]sweet [ ]aged
[ ]rested new [ ]rested aged
[ ]aged and corrected with caramel
[ ]premium [ ]extra premium [ ]special reserve
[ ]other

Age(if aged) .... [ ]unknown

Wood(s) .... [ ]unknown

Secondary industrial process
[ ]standardised [ ]sweetened [ ]composed [ ]with infusion
[ ]aromatised [ ]colour correction with caramel

Date of production(harvest) .... [ ]unknown

Lot and bottle(number/notation) ....

Sugar cane ....

Alcohol level ....%

Producer(name and place) ....

Bottled by ....

Standardised by ....

Distributed by ....

Closing system
[ ]cork [ ]metal lid [ ]aluminium cap [ ]plastic lid

Measuring tip(dropper/pipette)
[ ]yes [ ]no

Bought on / /

Price ....

Place of purchase ....

Recommended by ....

Gift from ....

Other characteristics ....

....

Visual impressions(bottle, colour and appearance) ....

....

.... Mark given ....

Olfactory impressions(smell/aroma) ....

....

.... Mark given ....

Gustatory impressions(taste, flavour) ....

....

.... Mark given ....

Total evaluation - final grade ....

Bota-gostos(Brazilian appetizers) ....

....

Comments ....

....

Ficha de degustação

Data / /

Local ....

Garrafa

[ ]vidro [ ]cerâmica [ ]cristal [ ]barro [ ]louça
[ ]outro [ ]transparente [ ]escura [ ]cor

comente ....

Rótulo ....

....

Contra-rótulo ....

....

Cachaça(marca) ....

[ ]sem outro nome agregado [ ]Tradicional
[ ]Prata [ ]Ouro

Conteúdo

[ ]50ml [ ]100ml [ ]120ml [ ]300ml [ ]500ml [ ]700ml [ ]750ml
[ ]900ml [ ]1 litro [ ]outro

Modo(regime)**de produção**

[ ]artesanal [ ]industrial

Matéria-prima

[ ]não-orgânica [ ]orgânica

Destilação

[ ]única [ ]bidestilada [ ]tridestilada [ ]multidestilada

Tipo

[ ]branca(nova) [ ]azulada [ ]adoçada [ ]envelhecida
[ ]nova descansada [ ]descansada e envelhecida
[ ]envelhecida e corrigida com caramelo
[ ]premium [ ]extra premium [ ]reserva especial
[ ]outro

Idade(se envelhecida) [ ]sem informação

Madeira(s) [ ]sem informação

Processo industrial secundário
[ ]standartizada [ ]adoçada [ ]composta [ ]com infusão
[ ]aromatizada [ ]cor corrigida com caramelo

Data de fabricação(safra) .... [ ]sem data

Lote e garrafa(numeração) ....

Cana ....

Graduação alcoólica ....%

Fabricante(nome e lugar) ....

Engarrafador ....

Standardizada por ....

Distribuidor ....

Vedação
[ ]cortiça [ ]chapinha [ ]tampa de alumínio [ ]tampa de plástico

Conta-gotas(doseador)
[ ]sim [ ]não

Comprada em / /

Preço ....

Local da compra ....

Recomendada por ....

Presente de ....

Outras características ....

....

Informações visuais(garrafa, cor e aparência) ....

....

.... Nota ....

Impressões olfativas(aroma) ....

....

.... Nota ....

Impressões gustativas(gosto) ....

....

.... Nota ....

Avaliação total - nota final ....

Bota-gostos ....

....

Comentários ....

....

Tasting form

Date / /

Location ....

Bottle
[ ]glass [ ]ceramic [ ]crystal [ ]clay [ ]china
[ ]other [ ]transparent [ ]dark [ ]colour

comments ....

Label ....

....

Back label ....

....

Cachaça(brand) ....
[ ]with no other name [ ]Traditional
[ ]Silver [ ]Gold

Contents
[ ]50ml [ ]100ml [ ]120ml [ ]300ml [ ]500ml [ ]700ml [ ]750ml
[ ]900ml [ ]1 litre [ ]other

Type(regime)**of production**
[ ]non-industrial [ ]industrial

Raw material
[ ]non-organic [ ]organic

Distillation
[ ]single [ ]double [ ]triple [ ]multiple

Type
[ ]white(new) [ ]pale blue [ ]sweet [ ]aged
[ ]rested new [ ]rested aged
[ ]aged and corrected with caramel
[ ]premium [ ]extra premium [ ]special reserve
[ ]other

Age(if aged) .... [ ]unknown

Wood(s) .... [ ]unknown

Secondary industrial process
[ ]standardised [ ]sweetened [ ]composed [ ]with infusion
[ ]aromatised [ ]colour correction with caramel

Date of production(harvest) .... [ ]unknown

Lot and bottle(number/notation) ....

Sugar cane ....

Alcohol level ....%

Producer(name and place) ....

Bottled by ....

Standardised by ....

Distributed by ....

Closing system
[ ]cork [ ]metal lid [ ]aluminium cap [ ]plastic lid

Measuring tip(dropper/pipette)
[ ]yes [ ]no

Bought on / /

Price ....

Place of purchase ....

Recommended by ....

Gift from ....

Other characteristics ....

....

Visual impressions(bottle, colour and appearance) ....

....

.... Mark given ....

Olfactory impressions(smell/aroma) ....

....

.... Mark given ....

Gustatory impressions(taste, flavour) ....

....

.... Mark given ....

Total evaluation - final grade ....

Bota-gostos(Brazilian appetizers) ....

....

Comments ....

....

Ficha de degustação

Data / /

Local ....

Garrafa
[ ]vidro [ ]cerâmica [ ]cristal [ ]barro [ ]louça
[ ]outro [ ]transparente [ ]escura [ ]cor

comente ....

Rótulo ....

....

Contra-rótulo ....

....

Cachaça(marca) ....
[ ]sem outro nome agregado [ ]Tradicional
[ ]Prata [ ]Ouro

Conteúdo
[ ]50ml [ ]100ml [ ]120ml [ ]300ml [ ]500ml [ ]700ml [ ]750ml
[ ]900ml [ ]1 litro [ ]outro

Modo(regime)**de produção**
[ ]artesanal [ ]industrial

Matéria-prima
[ ]não-orgânica [ ]orgânica

Destilação
[ ]única [ ]bidestilada [ ]tridestilada [ ]multidestilada

Tipo
[ ]branca(nova) [ ]azulada [ ]adoçada [ ]envelhecida
[ ]nova descansada [ ]descansada e envelhecida
[ ]envelhecida e corrigida com caramelo
[ ]premium [ ]extra premium [ ]reserva especial
[ ]outro

Idade(se envelhecida) [ ]sem informação

Madeira(s) [ ]sem informação

Processo industrial secundário
[ ]standartizada [ ]adoçada [ ]composta [ ]com infusão
[ ]aromatizada [ ]cor corrigida com caramelo

Data de fabricação(safra) .... [ ]sem data

Lote e garrafa(numeração) ....

Cana ....

Graduação alcoólica ....%

Fabricante(nome e lugar) ....

Engarrafador ....

Standardizada por ....

Distribuidor ....

Vedação
[ ]cortiça [ ]chapinha [ ]tampa de alumínio [ ]tampa de plástico

Conta-gotas(doseador)
[ ]sim [ ]não

Comprada em / /

Preço ....

Local da compra ....

Recomendada por ....

Presente de ....

Outras características ....

....

Informações visuais(garrafa, cor e aparência) ....

....

.... Nota ....

Impressões olfativas(aroma) ....

....

.... Nota ....

Impressões gustativas(gosto) ....

....

.... Nota ....

Avaliação total - nota final ....

Bota-gostos ....

....

Comentários ....

....

Tasting form

Date / /

Location ....

Bottle
[ ]glass [ ]ceramic [ ]crystal [ ]clay [ ]china
[ ]other [ ]transparent [ ]dark [ ]colour

comments ....

Label ....

....

Back label ....

....

Cachaça(brand) ....
[ ]with no other name [ ]Traditional
[ ]Silver [ ]Gold

Contents
[ ]50ml [ ]100ml [ ]120ml [ ]300ml [ ]500ml [ ]700ml [ ]750ml
[ ]900ml [ ]1 litre [ ]other

Type(regime)**of production**
[ ]non-industrial [ ]industrial

Raw material
[ ]non-organic [ ]organic

Distillation
[ ]single [ ]double [ ]triple [ ]multiple

Type
[ ]white(new) [ ]pale blue [ ]sweet [ ]aged
[ ]rested new [ ]rested aged
[ ]aged and corrected with caramel
[ ]premium [ ]extra premium [ ]special reserve
[ ]other

Age(if aged) .... [ ]unknown

Wood(s) .... [ ]unknown

Secondary industrial process
[ ]standardised [ ]sweetened [ ]composed [ ]with infusion
[ ]aromatised [ ]colour correction with caramel

Date of production(harvest) .... [ ]unknown

Lot and bottle(number/notation) ....

Sugar cane ....

Alcohol level ....%

Producer(name and place) ....

Bottled by ....

Standardised by ....

Distributed by ....

Closing system
[ ]cork [ ]metal lid [ ]aluminium cap [ ]plastic lid

Measuring tip(dropper/pipette)
[ ]yes [ ]no

Bought on / /

Price ....

Place of purchase ....

Recommended by ....

Gift from ....

Other characteristics ....

....

Visual impressions(bottle, colour and appearance) ....

....

.... Mark given ....

Olfactory impressions(smell/aroma) ....

....

.... Mark given ....

Gustatory impressions(taste, flavour) ....

....

.... Mark given ....

Total evaluation - final grade ....

Bota-gostos(Brazilian appetizers) ....

....

Comments ....

....

Ficha de degustação

Data / /

Local ....

Garrafa

[ ]vidro [ ]cerâmica [ ]cristal [ ]barro [ ]louça
[ ]outro [ ]transparente [ ]escura [ ]cor

comente ....

Rótulo ....

....

Contra-rótulo ....

....

Cachaça(marca) ....

[ ]sem outro nome agregado [ ]Tradicional
[ ]Prata [ ]Ouro

Conteúdo

[ ]50ml [ ]100ml [ ]120ml [ ]300ml [ ]500ml [ ]700ml [ ]750ml
[ ]900ml [ ]1 litro [ ]outro

Modo(regime)**de produção**

[ ]artesanal [ ]industrial

Matéria-prima

[ ]não-orgânica [ ]orgânica

Destilação

[ ]única [ ]bidestilada [ ]tridestilada [ ]multidestilada

Tipo

[ ]branca(nova) [ ]azulada [ ]adoçada [ ]envelhecida
[ ]nova descansada [ ]descansada e envelhecida
[ ]envelhecida e corrigida com caramelo
[ ]premium [ ]extra premium [ ]reserva especial
[ ]outro

Idade(se envelhecida) [ ]sem informação

Madeira(s) [ ]sem informação

Processo industrial secundário
[ ]standartizada [ ]adoçada [ ]composta [ ]com infusão
[ ]aromatizada [ ]cor corrigida com caramelo

Data de fabricação(safra) .... [ ]sem data

Lote e garrafa(numeração) ....

Cana ....

Graduação alcoólica ....%

Fabricante(nome e lugar) ....

Engarrafador ....

Standardizada por ....

Distribuidor ....

Vedação
[ ]cortiça [ ]chapinha [ ]tampa de alumínio [ ]tampa de plástico

Conta-gotas(doseador)
[ ]sim [ ]não

Comprada em / /

Preço ....

Local da compra ....

Recomendada por ....

Presente de ....

Outras características ....

....

Informações visuais(garrafa, cor e aparência) ....

....

.... Nota ....

Impressões olfativas(aroma) ....

....

.... Nota ....

Impressões gustativas(gosto) ....

....

.... Nota ....

Avaliação total - nota final ....

Bota-gostos ....

....

Comentários ....

....

Características deste livro
Characteristics of this book

Formato/Size: 12x21cm

Tipologia/Fonts: Amber, Egotist, Egotist Oblique, EgotistBlack, EgotistCond, EgotistCondOblique, EgotistLight, EgotistLight Oblique, EgotistThin, EgotistThin Oblique, Liebig, Plants, Stars1, Symath.

Papel/Paper: couché brilho 90g/m² (miolo/inside pages)
pólen soft 70g/m² (fichas de degustação/tasting forms)
cartão supremo 250g/m² (capa/cover)

1ª edição/1st edition: 2006

Este livro, da MAUAD Editora,
foi impresso na gráfica Sermograf.

This book, from MAUAD Editora,
was printed at Sermograf printers.